| 증보판 |

새로 쓰는
원균 이야기

새로 쓰는 원균 이야기 증보판

발행일	2022년 5월 31일

지은이	원종섭		
펴낸이	손형국		
펴낸곳	(주)북랩		
편집인	선일영	편집	정두철, 배진용, 김현아, 박준, 장하영
디자인	이현수, 김민하, 안유경, 김영주	제작	박기성, 황동현, 구성우, 권태련
마케팅	김회란, 박진관		
출판등록	2004. 12. 1(제2012-000051호)		
주소	서울시 금천구 가산디지털 1로 168, 우림라이온스밸리 B동 B113, 114호		
홈페이지	www.book.co.kr		
전화번호	(02)2026-5777	팩스	(02)2026-5747

ISBN	979-11-6836-343-4 03900 (종이책)	979-11-6836-344-1 05900 (전자책)

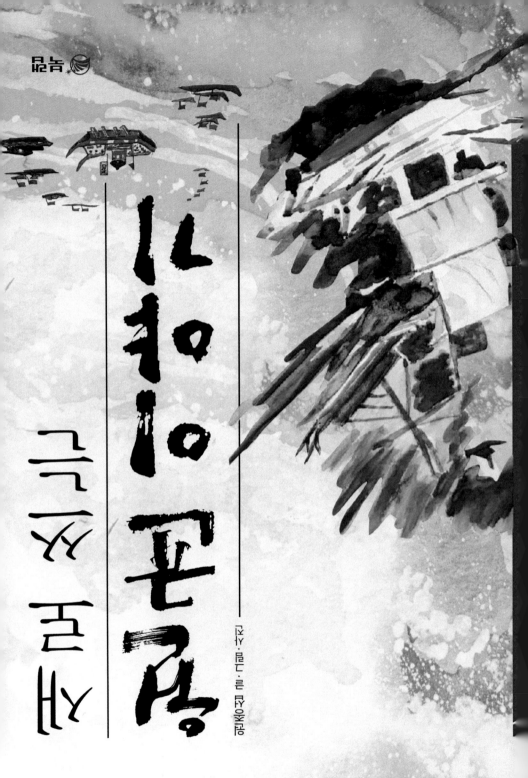

❈ 서문(序文) ❈

역사는 '승자의 기록'이라 했다. 역사적 사실이나 역사 속 인물을 평하고 기록하는 이가 언제나 승자를 중심으로 기술해 왔다는 뜻이다. 그러나 그 정도를 넘어 어떤 역사는 객관적인 사실이나 균형 감각을 무시하고 승자의 합리화와 치장을 위해 과장과 왜곡, 각색도 서슴지 않았던 것이 사실이다.

실제로 김부식이 쓴 『삼국사기』 열전을 보면 김유신 한 사람에 대한 기록이 을지문덕이나 계백 같은 수많은 영웅호걸에 대한 기록보다 훨씬 많다. 사대주의 사관을 가진 김부식이었으니, 천자의 나라인 중국과 싸우고 승리한 장군의 이야기를 비중 있게 다루고 싶지 않았던 것이었으리라. 하여 『삼국사기』만 놓고 보면, 그 시대의 장군은 김유신 외에 아무도 없는 것처럼 보인다. 그렇다면, 다른 시대의 역사학자 신채호가 『조선 상고사』에서 "김유신은 음험하고 사나운 정치가일 뿐이며 패전을 숨기고 작은 승리를 과장되게 기록하고 있을 뿐이다."라고 평했던 말은 어떻게 보아야 하는가?

김부식의 역사서를 역사의 기준으로 삼고 있는 한 우리에게 삼국 시대의 가장 위대한 장수는 당연히 김유신이고 나머지는 조연일 뿐이다. 오직 김부식의 붓끝에 의하여 한 인물이 평가되는 것이다. 영웅과 역적이 일순간에 결정된다.

이상의 단편적인 예에서 볼 수 있듯이, 우리는 어느 한 역사가가 단편적으로 남긴 기록물을 기준으로 역사 속 인물의 평가를 고착

한다든지, 어떤 검증이나 평가도 더하지 않고 한 면만 부각되어 전해지는 폐해적 진실을 맹목적으로 받아들인 면이 없지 않다.

우리 역사 중 조선 시대에 가장 비참했던 사건을 꼽으라면 단연 '임진왜란(壬辰倭亂)'일 것이다. 7년에 걸친 전쟁의 참혹성이나 조(朝)·명(明)·왜(倭)의 국제전으로 당시 동북아에 미친 큰 파장을 차치하더라도 오늘까지 우리 국민들의 뇌리를 지배하고 있는 특별한 이유는 대척점에 선 두 인물이 부각된 사건이기 때문이다. 이순신과 원균이 그들이다.

두 사람은 임진왜란과 정유재란을 맞아 모두 수군통제사의 위치에서 조선의 남쪽 바다를 지키려 싸웠고, 목숨 바쳐 싸우다 똑같이 전사했다. 그들은 다른 전쟁터에서 싸운 것도 아니다. 임진왜란과 정유재란의 전체 해전 가운데 3~4개의 해전을 제외하고는 한 전쟁터에서 공동함대를 꾸려 싸웠다. 전쟁 후 국가에서 내리는 선무 일등공신으로 책록을 받은 일까지 동일하다. 하지만 오늘날 많은 사람들은 이 두 사람을 전혀 다르게 기억하고 있다.

이순신은 구국의 영웅을 넘어 민족의 성웅(聖雄)으로 기억되는 반면에, 원균은 이순신을 시기하고 질투한 겁 많은 간신에 비유되고 있다.

같은 전쟁터에서 함께 공을 세우고 함께 상을 받은 장수가 어찌 이렇게 다르게 평가될 수 있었을까? 공과를 따져 공이 많고 적음이나 순서를 정할 수는 있겠지만, 한 사람은 선의 표상이 되고 다른 한 사람은 악의 상징이 되는 일은 흔하지 않을 것이다.

당시에 쓰인 정사(正史)나 실록(實錄)에는 이 일의 기원이 될 만한 기록이 전무하다. 다만, 개인의 기록물이나 후대에 제작된 소설과 영화 등에서 이런 허구의 일을 사실인 양 부추기고 있을 뿐이다.

역사적 기록이 개인이나 조직의 필요에 의해 왜곡되고, 문화라는 이름으로 만들어진 저작물이 역사 속 인물의 명예를 훼손하는 일이 날로 심화되고 있는 것이다. 이런 일련의 흐름에 필자는 반기를 들고자 한다. 필자가 '원(元)' 씨라는 사실이 편견을 낳을까 걱정이 되었다. 그러나 가능한 많은 사실적 자료를 수집하고, 그동안의 기록물을 참고하여 균형을 유지하려 노력을 하였다.

이순신 장군이나 유성룡 대감을 폄훼하려는 의도는 없다. 다만 이제는 '원균'이라는 인물을 악역에서 풀어 주어야 할 때라고 생각한다. 본문 중 간혹 격한 표현이 있다면, 지금까지 사람들의 뇌리에 악인으로 각인된 원균을 해명하는 과정에서 미처 순화하지 못한 부분으로 양해를 바랄 뿐이다.

이 책이 만들어지기까지 여러모로 지원을 아끼지 않은 북랩 여러분과 창원의 최헌섭 님, 많은 자료를 내주신 평택 종중의 원성식 님에게 감사를 드리고 여러 참고문헌 저자님들에게 고개 숙여 감사를 드린다.

2020년 1월
원종섭

경기도 평택시 도일동 소재, 경기도 기념물 제57호 원균장군묘(元均將軍墓)

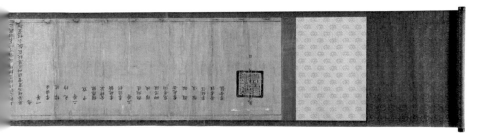

원균 장군이 어린 시절 심어져 그에게 쏟아지는 갖은 모함과 오욕의 세월을 묵묵히 견디며 500년 가까이 서 있다.

장군이 전사하자 그가 타던 애마(愛馬)가 갑옷과 투구를 물고 전력으로 달려와 하늘을 향해 세 번 울고 기진하여 죽었다는 "울 음 밭"이 지척에 있어 생가(生家) 근처임을 말해준다.

목 / 차

제1부

『징비록』에서 시작된 원균 죽이기와 이순신 영웅 만들기

임진왜란 전야 그리고
임진, 정유 해전(海戰)의 이해

임진왜란은 정유재란을 합하면 7년에 이르는 긴 전쟁이다. 전 국토가 질풍노도와 같은 왜적들의 말발굽 아래 짓밟히고, 명나라까지 참전한 국제전이다. 백성들은 전쟁터에서 살육을 당하고, 굶주림과 역병까지 번져 그 참혹상은 눈 뜨고는 볼 수 없는 비극상이었다고 전해진다.

그 긴 시간의 전쟁을 치렀지만, 우리 역사에 우뚝 선 이는 오직 이순신 한 사람뿐이다. 심지어 "이순신이 명량에서 적을 섬멸하다.", "이순신이 부산포에서 승리하다."라는 표현이 비일비재하다. 이 기록에 따르면, 조선 수군에는 다른 장수도 없고 병사도 없다. 오로지 이순신 혼자 왜적을 막아냈을 뿐이다. 수많은 영웅들의 활약이 과소평가되고 이순신의 이름을 위해 어떤 전쟁 영웅은 폄훼되고 악역으로 전락해야 했다.

가장 큰 희생자로 지목된 이가 바로 원균이다. 이 글은 오랜 세월 잘못된 세평(世評)에 시달려온 원균의 진면목을 밝히고, 역사적 근거를 바탕으로 왜곡된 역사를 바로잡고자 시작되었다.

글은 총 5부로 나뉜다.

1부에서는 오늘날까지 떠도는 원균에 관한 나쁜 세평이 어디서 연유되었는지 살펴본다. 그리고 그 시작이 정사의 기록물이 아닌, 유성룡의 『징비록』임을 밝힌다. 『징비록』은 국보로도 손색없는 훌륭한 고전이다. 그러나 필자는 그중 조선 수군과 관련된 부분, 특히 원균에 관해 부당하게 기술된 면을 비판적으로 조명하고자 한다.

2부에서는 원균의 진실한 면모를 말하고자 한다. 개전 초기의 입장과 이순신과의 불화에 단초가 되었던 사건, 그리고 우리 수군의 뼈아픈 패전으로 기록된 칠천량 전투 등을 집중 조명하며 원균의 진면목과 억울함을 살피고자 한다.

3부에서는 이순신에 집중된 전공과 영웅으로 그려지는 과정을 시대적인 배경과 기록물을 통하여 살피고자 한다.

4부에서는 고려시대 일본원정을 위한 여몽 연합군의 배후지였으며, 세종 때는 대마도 정벌 등으로 우리 수군의 발상지가 된 역사 속의 장소, 경상남도 거제도 경상우수영 터와 임진왜란 최대의 전승지로 알려진 한산도의 답사기를 실었다.

너무나 대조적인 두 장소. 지금은 버려지고 가려진 우수영 터 가배량(오아포)을 포함하여 당시에 치열한 전투가 벌어졌던 거제도와 진해만 주위에 흩어진 수많은 조선 수군 진영이 왜성(倭城) 터로 변

해버린 데 반하여 전혼은 고사하고 사후에 유적공원으로 치장되어 고적한 한산도에 올라, 그 유명한 진중가(陣中歌)인 한산도가(閑山島歌)에 잠겨보며 한산 대첩의 진실에도 접근을 해보았다.

5부에서는 무인(武人)으로서 원균의 진실한 면목을 소개하고 잘못 알려진 세평을 씻으려는 노력으로 못된 악평의 단초가 된 글귀나 사건에 대하여 잘못을 지적하고 반론을 제기하므로 독자와 세간에 바른 평가를 호소하였다.

본문에 앞서 임진왜란이 발발하기 직전에 조선의 상황을 간략히 소개하고 임진왜란, 정유재란을 거치며 남해에서 벌어진 해전을 지역, 시기, 참전 장수 등으로 간단하게 분석한 자료를 제공하므로 이해를 돕고자 하였다.

전쟁 전야 조선에 무슨 일이…

임진왜란이 일어나기 전 조선에서는 대체 무슨 일들이 있었나?

임진왜란을 보다 객관적으로 이해하고, 유성룡이 변명 서적인『징비록』을 왜 남겼으며 그의 일방적인 인물평을 쓰게 되는 연유를 알기 위해서라도 간단하게나마 당시의 조선의 정치 상황과 배경을 이해할 필요가 있다.

후사가 없던 명종의 뒤를 이어 조선의 14대 왕이 된 선조는 중종의 서손(庶孫)으로 조선 최초의 적자(嫡子)가 아닌 왕위 계승자가 된다.

조선 오백 년의 정치 기반을 일별해보면 초기 200년은 훈구(공신) 세력 중심의 정치를, 그 후 200년은 사림 세력의 당파 정치가, 말기 백여 년은 대원군을 포함하여 안동 김씨 등 세도정치가 집권세력을 이루었다고 본다면, 선조의 경우는 배경이 될 만한 뚜렷한 지지 세력이 없었던 차에 누구보다도 사림(士林) 출신을 발탁하였다.

사림 출신은 그 특성상 혈연, 지연, 학연 중심으로 뭉치고 분열하게 되므로 훈구 세력이 몰락한 자리에 파당(派黨)이 형성되고 이들이 중심이 되어 정치세력으로 발전되면서 집권을 위한 치열한 투쟁이 또 다른 폐해를 가져왔다.

선조 나름의 정치적 배경에서 연유를 찾아본 당파 정치는 1575년(선조 8년)에 동, 서인 간의 대립에서 발단하였으나 얼마 안 지나 임진왜란을 앞두고 정여립 역모 사건이 일어나면서 두 진영의 치열한 집권 다툼은 당쟁의 첫 파국을 가져온다.

역모 사건의 위관(委官: 수사책임자)으로 서인인 정철이 맡게 되는데 사건에 연루된 자를 대거 체포, 투옥, 처형하는 끔찍한 고문과 옥사가 일어나고 동, 서인 간에 피비린내가 진동하는 파쟁은 극치에 달하게 되면서 그동안 동인에게 수세로 몰려온 서인으로는 절호의 기회를 잡은 것 같이 보였다. 1591년까지 약 2~3년 동안 세차게 몰아붙인 서인의 공세로 천명이 넘는 동인을 처형한 이 사건은 조선 당쟁 역사에서 가장 지독한 옥사 사건으로 이를 기축옥사라고 한다.

기축옥사를 처리하는 과정에서 잠시 득세하는 듯했던 서인 세력은 1591년 옥사 말미에 세자 책봉 문제(건저(建儲))가 불거지면서 동인의 이산해와 선조가 총애한 인빈 김 씨의 오라비 김공량의 술책에 정철이 선조의 진노를 사고(임금이 아직 건재한데 세자 문제를 거론한다는…) 파직, 강계로 유배를 가면서 짧은 서인(西人) 시대는 막을 내린다.

하지만 이 모든 파쟁의 이면에는 왕위 계승의 정통성이 약한 선조가 자신의 입지를 강화하기 위하여 서인을 내세워 동인 중에서도 껄끄러운 인사와 과도한 득세를 조정하고, 이 일이 어느 정도 정리되자 서인을 용도 폐기하려는 임금 선조의 비호와 주도가 있었다고 전해진다.

나라가 전쟁 위기에 처한 것은 아랑곳하지도 않고, 상대 당의 주장은 사실 여부와 상관없이 무차별 공세를 퍼부어서 탄압하고 싸움질에 몰두하여 공존이 불가하였다. 당파 앞에는 나라의 안위나 국민은 없었다. 오직 당리당략과 개인의 영달만이 있을 뿐이다.

이런 썩어 빠지고 구태의연한 조선의 실정을 왜(倭)는 몰랐을까? 왜관(倭館: 왜의 통행과 교역을 인정해준 곳)을 통하여 수많은 왜의 첩자들이 이러한 조선의 망국 현상을 염탐해 갔을 것이다.

왜의 생각지도 못한 침략이 아니라 조선이 임진왜란을, 왜의 침략을 유발한 것이나 다름이 없었다고 보아야 한다. 왜가 힘이 있어서, 욕심이 많아서가 아니라 당파 싸움으로 온 나라를 편 가르기 해놓고 군비는 하나도 신경을 쓰지 않아 적의 침략을 유인해낸 요즘 말로는 미필적 고의에 의한 전범이 조선이고 그 한가운데 당시 조정 대신이 있는 것이다.

명을 치기 위하여 길을 빌려달라는 이야기는 듣기 좋으라고 한 말이자, 조선을 침략하기 위한 명분일 뿐이지, 실은 썩어가는 나라, 아니 이미 썩을 대로 썩은 조선을 집어삼키려는 야욕에서 나온 소리다.

왜의 조선 침략은 하루 이틀 만에 일어난 일이 아니다. 이미 십수 년 전부터 을묘왜변, 손죽도 왜변 등을 통하여 많은 병선을 조선의 남해안과 섬 지방에 보내어 방어 태세를 시험해보고 조선 수군의 능력을 점검해본 이후, 자신을 가지고 자행한 전쟁으로 봐야 한다.

이와 같은 왜의 음모, 일본이 조선을 점령한 다음 명을 칠 것이라는 암시를 당시 왜의 사신이었던 현소(玄蘇-겐소)가 자신이 묵었던 관사 벽에 써놓은 시에서도 이미 밝힌 바 있다.

　　매미는 시끄럽게 울면서 사마귀에게 잡아먹히는 것을
　　잊어버리고

물고기는 백로가 잠든 것으로 착각해 놀면서 기뻐하
누나
여기가 어디메뇨 다음 해 다시 오면 이 땅에서 술판
을 펴리라

　전쟁을 코앞에 두고도 전쟁은 없을 것이라는 김성일의 보고를 채
택하고는 불구대천의 원수가 되어 동, 서로 갈려, 사생결단의 축출
싸움에만 열중했던 치열한 당쟁의 소용돌이 속에서 빠져나오지 못
하고 있었던 참으로 어이없는 시절을 보내고 있었다. 임금은 그들의
저주와 싸움을 적당히 이용도하고 견제도 하며 매미도 되고 물고기
도 되면서 참으로 갑갑한 세월은 전쟁을 향하여 흘러간다.
　사악한 이리 떼들의 흑심을 경계하기는커녕 저희들끼리 싸움에
만 정신을 팔고 있었던 조선 조정의 어리석음이 전쟁을 불러들인
것이다. 그런데 그 파쟁에 중심에 선 유성룡 그를 임진왜란의 영웅
이라니…『징비록』이 변명서인데 임진왜란의 역사서라니?

※ 정여립의 역모사건
　기축옥사의 발단이 된 사건으로, 정여립은 서인인 이이, 성혼의 문하로 과거에 급제하여
홍문관 수찬에 오르나 당시 집권 세력인 동인으로 전향한다. 선조에 눈에 나 사직 후 전
주로 낙향하여 무인과 천민을 중심으로 대동계를 조직하고 당시로서는 불순한 사상인
천하공물 설(天下公物 說) 등 대동사상을 전파한다. 그러던 중 1589년 장계에 의하여 정여
립이 전라도와 황해도의 군사를 몰고 한양으로 쳐들어 와 역모를 꾀한다는 사건이 일어
나자 정여립은 죽도로 아들과 함께 피하여 그곳에서 자결하고 이어 관련자를 대거 체포,
투옥, 처형하는 끔찍한 고문과 옥사가 일어나게 되는 사건이다.

임진왜란 해전과 전공(戰功) 분석

　임진·정유재란을 통틀어 조선 남해 해역에서 치러진 해전은 22전이라고도 하고, 25전 또는 26전이라 하기도 한다(연도별 해전 현황 참조).

　이 중에서 1597년 명량 해전 직전에 있었다는 '어란포 해전'과 '벽파진 해전'은 일본군이 피하여 실제 전투가 없었고, 1598년 7월 '절이도 해전'은 『난중일기』나 『이충무공전서』 등 공식 기록물 어디에도 그 기록이 없고 『선조수정실록』에만 등장하여 신빙성의 정도를 생각하여 제외하였다. '왜교성 전투'는 조명(朝明) 연합군과 고니시 유기나가(小西 行長)와의 육상전투로, 노량 해전과 연결된 육상전투이다. 이 4전을 제외한 해상 22전을 가지고 여러 각도로 분석을 해본다.

◎ 연도별 해전 현황

1592년 (임진)	5월 7일	옥포 해전 외	14전	이순신, 원균, 이억기 등
1593년	2월 1일	웅포 해전	1전	1593년 8월 15일 이순신 3도 수군통제사
1594년	3월 4일	당항포 해전 외	4전	1594년 11월 12일 원균 충청병마사 전임, 3전은 왜의 전쟁 회피로 실제는 1전임
1597년	7월 16일	칠천량 해전	1전	원균 단독 지휘, 패전
1597년	9월 16일	명량 해전	1전	이순신 단독 지휘
1598년	11월 19일	노량 해전	1전	이순신 전사
소계			22전	1592~94 임진왜란 1594~96 강화 회담 1597~98 정유재란

'절이도 전투'는 이순신의 조카 이분이 쓴 행록에 나온다.

"이순신이 녹도 만호 송여종에게 전선 8척을 주어 절이도에 복병케 하였는데, 1598년 7월에 왜선 6척을 격파하였다"라고 기록한 것을 이식이 『선조수정실록』에 옮겨 "적선을 50여 척이나 격파하였다."라고 기록하였다.

명량 해전에서 적선 30척, 한산 대첩에서 70여 척을 격파한 것에 비하면 엄청난 전과이나 이순신의 직접 참여 여부나 『난중일기』, 『이충무공전서』 등 다른 곳에는 기록에는 없음을 감안하여 제외하였다.

1) 우선 전체 해전 중 14건의 전투가 임진왜란이 발발한 1592년, 선조 25년 5월부터 9월 사이 5개월간에 집중적으로 벌어졌고 이 기간 동안에 조선 수군의 우위가 완전히 입증되어 일본 수군은 전의를 상실했다(전체 해전의 64% 이상).

2) 전체 전투 22건 중 대부분이 원균의 관할인 경상우수영 지역에서 전투가 이루어졌고, 그것도 거제도와 반도의 남단 바다인 지금의 진해만 지역 내해에서의 전투가 대부분이다. 예외가 있다면 유일하게 이순신이 단독 지휘를 한 명량 해전만이 이순신 관할(엄격히 말하면 전라우수영)인 전라도 바다였다는 것이다.

3) 임진왜란 해전 중 17번 이상의 전투는 원균과 이순신의 합동 작전이었으며, 단 3번의 전투인 칠천량, 명량, 노량 전투만이 두 장군의 합동 작전이 아니었다. 칠천량은 원균 단독, 명량은 이순신 단독, 노량은 조명 연합군의 합동 전투였다.

4) 이순신이 1593년 8월 15일 삼도 수군통제사가 된 이후 1597년 1월 파직까지 단 두 번의 해전이 있을 뿐이다. 그것도 거의 충돌이 없이 무승부로 끝난 1594년 10월 장문포 해전 이후에는 2년여 동안 단 한 차례도 전투도 없었다.

5) 이 기간 동안 여러 차례 적을 치라는 조정의 독전과 세자의 면담 요청이 있었으나 거절하여 '조정 능멸', 곧 조정을 능멸하였다 하여 파직의 원인이 된다.

6) 1594년 11월 원균이 충청병마사로 전임을 한 이후 하옥되기까지 이순신은 통제사로 별다른 해전 없이 한산도에 칩거했다.

7) 여기서 해전의 숫자가 중요한 것이 아님을 분명히 하고자 한다. 예를 들면 옥포 해전은 최초의 공식 전투로 조선 수군의 능력을 일본 수군에 각인시켰다는 점에서, 한산도 대첩은 일본 수군의 예봉을 꺾어 전의를 상실시켰다는 점에서, 명량 해전은 조선 수군의 패전 후 수적으로 열세한 상황에서 전세를 역전시킨 이순신의 능력을 입증한 전투였음이 분명하다. 특히 노량 해전은 이순신의 전사(戰死)라는 안타까움 속에서도 조명 연합군이 끝내기 승리를 한 전투로 우리 해전사를 빛내고 있다. 하지만, 실제로는 왜교 전투에서 이미 적장 고니시(小西行長)의 주력 부대가 빠져나간 뒤 후미의 잔류 부대를 상대한 해전이라고 할 수 있다. 이 전투에서 우리는 주장(主將)을 잃고 적은 철

수 작전을 성공적으로 마무리하였으니, 과연 일본 측에서도 패전이라고 인정을 할 것인가?

8) 1)~7)까지의 사실과 분석만 보아도 임진왜란 당시 우리 수군의 공이 적지 않다. 이 공은 이순신 혼자만의 것이 아님은 물론이고, 원균 또한 세평(世評)과 같이 모함이나 하는 겁 많은 악장은 아니라는 반증이 될 수 있다. 곧 여러 해전의 승리는 두 영웅의 합심으로 이루어졌다는 입증이라 보고 싶다.

9) 임진왜란 중에 특히 해전을 여러 각도로 분석을 하는 이유는 역사의 기록이 왜곡되고 와전되어 세평(世評)이 구부러져 있다 하더라도, 조선 수군의 위대한 업적이 『징비록』이나 『선조수정실록』의 단편적인 기록에 의하여 이순신 한 사람의 공으로 쏠리기보다는 원균을 비롯한 여러 영웅들에게 사실을 기반으로 재평가되어야 한다고 주장하고 싶기 때문이다.

10) 역사의 기록은 반드시 사실에 근거에 의하여 기록되어야 하며, 말장난이나 글 장난(筆誅)에 농단 되어서는 안 된다.

임진왜란, 정유재란 중요 해전 목록

해전 명칭	일자(음력)	양국 참가 병력		비고
		조선 수군	왜 수군	
1. 옥포 해전	1592년 5월 7일	이순신, 원균, 이억기 약 50척	약 50척	
2. 함포 해전	(상동)	(상동)	약 5척	
3. 적진포 해전	5월 8일	(상동)	약 13척	
4. 사천 해전	5월 29일	이순신, 원균 26척	약 13척	거북선 첫 등장
5. 당포 해전	6월 2일	이순신, 원균, 이억기 51척	약 21척	
6. 제1차 당항포 해전	6월 5일~6일	(상동)	약 26척	원균, 기효근 적 수급 50 잡아옴
7. 율포 해전	6월 7일	(상동)	약 7척	
8. 한산도 해전	7월 8일	이순신 40척, 원균7척, 이억기 25척. 총 72척	약 70척	이순신, 정헌대부 승차
9. 안골포 해전	7월 10일		약 40척	
10. 부산포 해전	9월 1일	이순신, 원균, 이억기 약 166척 (판옥선 74, 협선 92)	약 430척	
* 화준구미해전	(상동)	(상동)	5척	부산포 해전 포함
* 다대포 해전	(상동)	(상동)	8척	(상동)
* 서평포 해전	(상동)	(상동)	9척	(상동)
* 절영도 해전	(상동)	(상동)	2척	(상동)
* 초량목 해전	(상동)	(상동)	4척	(상동)
11. 웅포 해전	1593년 2월 1일	이순신, 원균, 이억기 약 89척	약 40척	
12. 제2차 당항포 해전	1594년 3월 4일	이순신, 원균, 이억기 약 60척	약 31척	
13. 제1차 장문포 해전	9월 29일	이순신, 원균 약 60척		적 육지에 웅거 불응전 무승부
14. 영등포 해전	10월 1일	이순신 외 약 70척	약 50척	왜 전쟁 회피
15. 제2차 장문포 해전	10월 4일			(상동)

16. 칠천량 해전	1597년 7월 14일~16일	원균, 삼도수군 약 100척	약 600척	조선 수군 패퇴. 원균, 이억기, 최호 전사
17. 명량 해전	1597년 9월 16일	이순신, 배설 등 13척	133~300척	이순신 최초 단독전(?)
18. 노량 해전	1598년 11월 19일	이순신, 진린, 등자룡, 조선 83척, 명 수군, 호선 61척	약 500여 척	원균 사후 14개월, 이순신, 등자룡 전사

※ '부산포 해전'에 사실상 한 전투인 '장림포 해전'과 * 표시한 작은 지전(支戰)까지 합치면 22~23전이라고도 한다. 앞에서 설명한 어란포, 벽파진, 절이도까지 합쳐 전투수를 부풀리고 싶어 하는 이들은 26전이라고도 하지만, 명과 왜가 강화 교섭을 본격화한 1593년 3월 4일 제2차 당항포 해전 이후 칠천량 해전까지 3년여간 해전다운 해전은 없었다. 또한 이 시기가 이순신의 3도 수군통제사 재임 시절임을 주목한다(1593년 8월 15일 이후).

◎ 임진왜란 당시 조선 수군의 수영(水營) 설치와 관할

임진왜란 해전사를 읽으며 이해를 돕기 위하여 조선 시대에 남해 수군의 진영과 관할에 관한 설명을 한다.

조선 시대에는 좌도(左道), 우도(右道)라는 말이 많이 나오는데, 임금이 계신 서울에서 보아 좌측은 좌도, 우측은 우도라고 불렀다. 따라서 경상도 바다를 좌우로 나누어 경상 좌수영과 우수영으로 나누었다. 낙동강 하구를 기준으로 하여 동쪽은 경상좌수영을 설치하여 동래에 두었으며, 서쪽은 경상우수영 관할로 거제도 오아포(한산도 맞은 편)에 두었다가 후에 통제영에 합하였다. 1604년 선조 37년에는 통영으로 옮긴다. 전라도도 이같이 하여 전라좌수영은 여수에, 전라우수영은 해남 울돌목에 설치하여 각기 바다를 지켰다. 육지도 각기 좌우도로 구분하여 좌 병사, 우 병사를 두어 군무를 분

담하기도 하고 좌우 구분 없이 병마절도사가 관장하기도 했다.

　임진왜란 내내 경상우수영이 많이 나오는 것은 대부분의 전투가 거제도를 낀 주변 바다에서 일어났기 때문이다. 경상우수사가 원균임은 주지하는 사실이다. 일본에서 왜군이 침입하여 첫 접촉을 하는 전선이 경상 좌수영 지역이나 개전 초에 좌수사 박홍은 도망을 하고 수영(水營)이 있던 동래는 일본군 수중에 점령되어 경상 좌수영은 거론이 되지 않는다.

제1부

『징비록』에서 시작된 원균 죽이기와
이순신 영웅 만들기

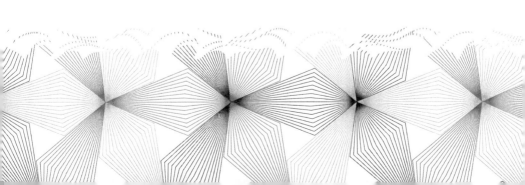

『징비록』은 이순신을 위한 기록이다. 유성룡의 『징비록』에는 '징비'에 관한 기록이 없다. 이순신을 성웅으로 그려 대리 만족을 하려는 기록이라 말하고 싶다.

당시 유성룡은 정치적으로 잃을 것을 다 잃고 삭탈관직까지 당한 입장이었다. 이에 이순신을 영웅으로 만들어 자신의 입지를 세우고 전쟁을 끝낸 공과 파직의 억울함을 주장하는 것이다.

이순신을 영웅으로 만들기 위해서는 임진왜란의 전공(戰功)은 모두 이순신 것으로 하여야 했고, 그것을 위해 거북선을 이순신이 창조한 것으로 만들고 인격적으로도 훌륭한 인물을 만들어 냈다. 이순신을 인격적으로도 완전한 인물로 만들기 위하여 삼국지에 한 장면을 도용하여 마치 관운장이 화타에게 수술받는 장면을 모사하기도 한다. 팔뚝의 총알을 파내면서도 눈 하나 찌푸리지 않았다는 허구의 글이 그것이다.

이순신 성웅 만들기 작업은 노량 해전에서 이순신이 전사하면서 한 말로 절정에 이른다. "나의 죽음을 말하지 말라."라는 말은 지금까지도 세간에 화제가 되는 한 마디이다.

하지도 않은 말은 유성룡은 왜 만들어 넣었을까? 왜 점잖지 못하게 슬그머니 역사를 왜곡하면서까지 창작을 했을까? 이순신을 위해서였을까? 아니 철저히 유성룡 자신을 위하여 만들어 넣은 구절이 분명하다.

역사적으로 훌륭한 업적을 가진 이에게 보태고, 더 포장하는 것을 무어라 하겠는가? 이순신을 영웅화하는 것을 무어라 할 사람은 없을 것이다. 충분히 동의한다.

문제는 이순신을 영웅화하기 위하여 원균의 공을 다 가져가다 못하여 원균을 죽이고 또 죽여서 이순신이 상대적으로 빛을 보도록 만들고 극적으로 영웅을 만든 것이다.

결과적으로 기록을 남긴 유성룡은 본인이 바라는 대로『징비록』으로 인해 역사의 승자로 남게 되었다. 문(文)이 무(武)보다 강해 승자의 길로 인도한 결과다. 현대의 소설과 논문 등이 정사인 실록을 제치고『징비록』에서 시작하여『선조수정실록』등을 교과서로 삼았기 때문에 일어난 일이다.

이에 필자는 이순신을 사실 이상으로 영웅으로 묘사하고, 원균을 겁쟁이, 음모를 꾸미며 동료에게 온갖 악담을 한 악장으로 만든 것이 유성룡의『징비록』이라 고발하며 이 사실을 보다 자세히 소개하고자 한다.

1

『징비록』속
수군 관련 내용

강화(講和) 편의 유성룡

유성룡의 『징비록』은 신숙주가 성종에게 "일본과의 화의를 잃지 말라."라고 한 이야기로부터 서두를 시작한다. 이는 자신이 일본과의 강화론 자로 밀려난 억울함을 호소하고 싶어서이고, 자신의 강화 정책이 옳았다는 주장을 하고 싶어서였을 것이다.

신숙주가 어떤 자인가. '조선의 천재'라고는 하지만 세종의 당부도 배신하고 수양에 붙어 호의호식한 옳지 못한 인물 아닌가? 뿐인가? 한때 주군으로 모셨던 단종의 왕비인 정순왕후의 미색에 반하여 자신에게 줄 것을 세조에게 간청을 한, 입에 올리기도 싫은 자이다.

이 책의 앞부분을 기술해 나가며 유성룡의 『징비록』을 인용하면서 신숙주를 생각하는 것은 우연만은 아닌 것 같다….

『징비록』에 나오는 수군 관련 기록, 아니 원균과 이순신 관련 기록을 중심으로 소개를 하고 상식 수준의 판단으로 그 부당성을 지적한다.

『징비록』의 사실 확인 문제

『징비록』은 대한민국의 국보로 지정되어 있고, 역사적으로 저명한 정승 유성룡이 기술했다는 무게 때문인지 어떤 이도 감히 그 문제점을 들춰내지 못하고 있다. 이에 필자가 감히 그 지적을 하려고 한다.

『징비록』에는 총 9곳에 조선 수군에 관한 기록이 있다.

거제도의 승전, 이순신의 하옥, 칠천량 패전, 명량 해전, 노량 해전과 이순신의 전사(戰死)가 중요 내용이며, 나머지는 이순신 개인 기록과 칭송한 부분이다. 앞선 다섯 편의 수군 관련 기록을 통해 철저히 원균을 헐뜯고 비하했으며, 이순신은 상대적으로 크게 미화하고 각색하여 영웅의 면모를 갖추게 했다.

『징비록』 기록에는 누가 봐도 쉽게 알 수 있는 잘못이 있지만, 현재까지 이 나라의 지식인은 시류에 쫓겨서인지 아무도 이를 지적하지 않고 옮겨 쓰기에만 급급했던 것 같다.

먼저, 정확성이 떨어진다. 전투가 벌어진 지역이나 전투의 이름도 명확하지 않고, 날짜도 실제 역사와 많은 차이가 난다.

조선 수군의 첫 번째 이야기인 거제도 앞바다의 승전 글도 전과 (戰果) 등으로 보아 첫 전투인 옥포 해전을 말하는지, 한산 대첩을 말하는지 알 수 없게 두루뭉술하게 표현하고 있다.

칠천량 해전에서 수군이 무너진 패전을 기록하였는데, 그 날짜조차 맞지 않는다. 『징비록』에는 8월 7일이라 기록되어 있지만, 이는 음력도 양력도 아닌 얼토당토않은 날짜이다. 실제로는 음력 7월 16

일, 양력으로는 8월 28일이니 이도 저도 아닌 것이다.

이순신의 하옥 장면에서는 원균을 험담하는 글부터 시작하는데, 그 분량이 상당하다. 정사인 『선조실록』에서 이순신의 죄목으로 기록된 '부산 왜영 방화사건'이나 '세자의 부름에 응하지 않은 일' 등의 사건에 관해서는 일체 언급이 없다.

노량 해전에서 최후를 맞는 이순신의 전사(戰死) 기록은 정사(正史)나 다른 기록과 다르게 미화하고 신격화하는 등 이는 역사의 기록이라기보다는 특정인을 위한 허구이고 소설과 같이 만들어낸 이야기라 여겨진다. 회고록인지, 전사(戰史)인지 구분도 되지 않고 본론에 충실하기보다는 앞부분부터 다른 인물(원균)을 헐뜯고 모략하는 것에 대부분의 분량을 할애하고 있어 형식 면에도 맞지 않다. 더불어 글의 품위까지 의심하게 하니 심히 유감스러운 부분이다.

이제 『징비록』에 나오는 구체적 사례를 들어 역사 왜곡 부분을 지적하고자 한다.

거제도 승전 기록

『징비록』 1권 후미에 조선 수군의 거제도 승전 기록이 나온다. 정읍 현감으로 있던 이순신을 유성룡 자신이 전라좌수사에 파격적으로 추천했다는 기록 이후 처음으로 나온 수군에 관한 기록이다.

하지만 승전에 관한 이야기를 한다면서 돌연 원균에 대한 험담부

터 시작한다. 그 내용이 너무나 얼토당토않으며 숫자나 지역 등의
설명도 앞뒤가 맞지 않아 살펴본다.

> "원균이 적군의 세력이 큰 것을 보고 싸울 생각은 안
> 하고 전선 백여 척과 화포, 병기 등을 물속에 가라앉
> 히고 수군 만여 명을 무너트렸다."

당시 조선의 실정이나 군의 상태 등을 볼 때 말이 되지 않는 기록
이다. 조선 전체의 전선도 백 척이 안 될 것이고, 실제 최초 해전이
라는 옥포 해전에 이순신이 가지고 참여한 군선이 24척, 협선 15척
인 것을 참작하거나 임진왜란 중 최대의 대첩이라 할 수 있는 한산
대첩에서 삼도 수군이 모두 모여 전투에 참여한 전선이 56척인 점
에 미루어 볼 때, 어느 경우를 보더라도 경상우수사로 부임한 지 2
개월 남짓한 원균 휘하에 전선 백여 척이 있었다는 것은 수군 실정
을 몰라도 너무 몰랐다고 할 수 있다. 더구나 수군 만여 명을 무너
뜨렸다는 이야기는 더욱 말이 되지 않는다.

갑오년(1594년) 4월, 왕에게 군사에 관한 의견을 올린 유성룡의 시
무차자(時務箚子)에도 조선의 전투 병력은 8천 명이며 3개월에 2천
명씩 근무를 했다고 기록되어 있다.

『징비록』에도 병사 양성이 되지 않아, 이일이 왕명을 받고 순변사로
내려갈 때 군사가 없어 3일이 지나서야 겨우 60여 명을 데려간 사실
이나, 신립이 도순변사(都巡邊使)가 되어 충주로 내려가려 해도 병력이

모아지질 않아 기십 명을 모아 놓고 "자네가 우선 내려가면 병력이 모아지는 대로 내가 따라가지."라고 유성룡이 말한 기록이 나온다.

이 기록들을 보면 원균 휘하에 만 명의 수군이 있었다는 글은 너무나 무책임한 숫자이며 모함을 위한 의도적인 기록으로 볼 수밖에 없다는 생각이다. 일개 고을이었던 수영에 만여 명씩의 군사가 있었다면, 이율곡의 '십만양병설'은 무엇 때문에 나왔으며 조선의 군사는 이미 수십만이 넘어 일본의 침략에 일방적으로 밀릴 이유도 없었을 것이다.

또한 원균이 적의 기세만 보고 허겁지겁 전선과 무기를 물속에 가라앉힌 양 표현하고 있는데, 왜의 침략군이 조선에 상륙하기 위하여 들이닥친 곳은 부산 앞바다인 박홍이 도주한 경상 좌수영 지역이고, 원균의 관할인 경상우수영은 거제도 남단 오아포에 위치하고 있었다. 전선이나 군사도 8관 20진에 분산되어 있었음인데 아무리 전쟁을 문관이 지휘하던 시대라도 유성룡이 너무나 현실과 동떨어진 글로 과장하였을 뿐 아니라 지역의 장수도 파악을 하지 못하고 있었던 듯이 보인다.

그뿐만 아니라 해전 지역에 대해서도 옥포인지, 한산도인지 분명하지 않고 거제도라 하였으니, 초기 해전이 대부분 거제도 인근에서 벌어졌으니 적당히 표현을 한 것이라 생각된다. 견내량이 나오고 참가한 전선의 수를 봐서는 한산도 전투를 말하는 것도 같고, 조정에서 보고를 받고 포상을 했다는 기록을 보면 옥포 해전을 말하는 것도 같으나 그 기록이 분명치가 않다.

덧붙이자면, 이영남이 이순신과 구면이라 초병사로 보낸 것은 맞으나 달아나는 원균을 설득했다 하는데, 당시 이영남은 율포 권관(權管)으로 초급 간부인 종8품, 무과에 급제하여 처음 받는 직급으로 현재로 말하면 소대장급인데 수사를 설득하였다는 것은 격에 맞지 않는 말이다.

유성룡은 이때부터 작정을 한 것으로 보인다. 원균을 겁쟁이로, 전쟁을 피하고 능력 없는 비겁한 장군으로 설정하기로 한 것이다.

> 初戰 敵 旣登陸, 均 見 敵勢大 不敢出擊. 悉沈其 戰船 百餘 艘及, 火砲. 軍器於海中, 獨與手下裨將 李英男. 李雲龍等. 乘四船, 奔至 昆陽海口.欲下陸避敵. 於是 水軍 萬餘人皆潰.

지나친 이순신 치장

『징비록』의 같은 기사에서는 원균을 병법을 모르는 사람으로 묘사하는가 하면, 서두르면 패한다고 폄하를 하는 반면 이순신에 관하여서는 엄청난 치장을 한다.

"公不知兵공부지병 如此必敗여차필패"라는 참으로 기가 막힌 말이 아닌가? 당시 원균은 북방에서 오랑캐를 섬멸하고 임진왜란 직전에는 왜적의 침입에 대비하여 수군에 온, 전쟁터에서 빼가 굵은 용장이었다. 이때는 이순신이 통제사가 되기 전이니, 규모나 중요도나 건제

순으로 보나 모든 면에서 이순신보다 선임일 텐데 병법을 모른다는
이야기를 하다니 말이다.

거북선을 이순신이 처음으로 만들었다 하고, 이순신은 유탄을 맞
아 피가 발꿈치까지 흘러내렸는데도 아무 말 없이 전투가 끝난 후
에야 칼로 살을 찢고 탄환을 뽑아냈다고 하는 등. 이순신의 대단한
기개와 의연함을 보여주는 일련의 글이 마치 『삼국지』에서 관운장
이 화타에게 수술을 받는 모습을 재현한 것과 같다.

거북선은 이순신이 처음으로 만든 것은 아니다. 『태종실록』에 보
면 이때부터 거북선을 만들어 왜구의 침략을 막는 데 투입했다는
기록이 있다.

> 先是, 舜臣創造龜船, 以板鋪其上 其形 穹窿如龜. 一
> 日, 方督戰, 流丸中 舜臣 左肩, 血流至踵, 舜臣不言, 戰
> 罷, 始以刀割肉出丸, 深入數寸, 觀者色黑, 而舜臣 談笑
> 自若.

원균이 왜 악장(惡將)이 되었는지, 전쟁을 피하는 겁쟁이로 그려졌
는지는 『징비록』의 이 부분에서 연유되었음을 알리고자 한다. 또한
이 나라의 어용 사학자나 붓장난을 일삼은 문인이라는 자들이 이
기록을 그대로 옮겨 쓰면서 역사는 왜곡되고 원균의 이름은 억울
한 멍에를 쓰고 지금까지 내려오게 된 것이다.

이순신의 하옥

임진왜란과 관련된 또 다른 국보 『난중일기』에는 이순신의 하옥 부분이 없다. 이순신 본인에게는 그렇게 중요하고도 그렇게 억울할 수 있는 일이기에 일기로 남겼을 것 같지만 기록이 없는 것이다.

이에 관해 『선조실록』에는 이순신의 죄목을 이렇게 적고 있다.

첫째, 조정을 속였으니 이는 임금을 업신여긴 죄, 즉 기망장계(欺罔狀啓)를 말함이다.

둘째, 적을 쫓아 치지 않고 가토 기요마사(加藤淸正)를 살려준 죄이다.

셋째, 남의 공을 가로챈 죄와 남을 모함한 죄이다.

넷째, 한없이 방자하고 거리낌 없는 죄로 임금을 대신하여 세자가 남쪽으로 나아가 여러 차례 불렀으나 응하지 않아 임금과 조정을 능멸하였음이다.

그러나 유성룡은 『징비록』 중 이순신이 하옥되는 편에서는 위의 이유에 관해 언급하지 않고 원균을 비방하는 말부터 시작한다.

원균은 성격이 음험하고 비뚤어졌는데 경향 각지에 관계를 가진 사람이 많았으니, 이순신을 헐뜯는데 온 힘을 기울여서…

逮水軍統制使李舜臣下獄 初元均德舜臣來求, 相得甚
歡, 旣而, 爭功, 漸不相能, 均性險詖, 且多連結於中外,
搆誣舜臣, 不遺餘力, 每言: "舜臣初不欲來, 困我固請,
乃至, 勝敵我爲首功

참으로 기이하다. 한 사람은 조정에 권신으로 승승장구하는 이
고, 또 한 사람은 변방의 전쟁터로만 나돌던 장수일진대 어찌 그렇
게 성격까지 잘 알고 있는지. 그런 사람인 줄 알면서도 왜 막중한
자리에 기용을 했는지. 누워서 침 뱉기라는 생각이 든다. 그러면서
조정의 반대파들이 이순신을 추천한 자신을 미워하여 이순신이 하
옥된 양 기술해 놓았다.

말미에 요시라 반간계에 대하여 부차적으로 설명은 하고 있지만,
이 장면에서 유성룡이 붕당에 매몰된 사고와 편 가르기 인식을 떨
쳐내지 못한 인물임을 재확인할 수 있다. 또한 글의 주제보다는 한
사람을 비방하여 글을 쓰려는 목적을 달성하려는 계획을 확인할
수 있다.

이어 "원균이 조정에 권신들과 가까이 지내 이순신을 모함하였
다."는 표현이 있는데, 이 말은 『난중일기』에도 여러 번 나오지만 이
순신이야말로 진중(陣中)에서까지 유성룡, 권율 등과 자주 편지를 주
고받을 뿐 아니라, 후에 신구차를 낸 정탁 등 든든한 후원 세력을
두고 있었다. 이에 반하여 원균은 이순신과 사이가 좋지 않다는 이
유로 당쟁에 희생되어 충청병마사로 갔다가 이몽학의 난이 일어나
자 진압과 선무를 위하여 전라병마사로, 또 6개월도 되지 않아 왜

가 재침입하자 한산도로, 전선을 전전하기 바빴다. 이런 원균이 조정에 선을 대고 이순신을 모함했다는 주장은 지나친 기록이다. 단지 조정에는 처족(妻族)으로 윤두수 형제가 있었을 정도인데, 당시 집권 세력이었던 남인의 영수이고 영의정을 지낸 유성룡이 쓰기에 가당한 표현이 아니다.

이 부분은 초간본에는 없던 것이 간행본에서 크게 수정이 되었는데 정치적으로 같은 배를 탄 이순신이 정쟁의 희생으로 처벌을 받고 백의종군을 하게 되는 과정을 간행본에 실어 세상에 널리 공개하려는 의도로 보인다. 그 도구로 원균을 이용하였고 이후로 원균이 이순신을 모함하고 시기한 악인의 대명사가 되는 것이 『징비록』의 이 부분에서부터 비롯되었음을 밝혀둔다.

칠천량 패전

유성룡은 "8월 7일 한산도의 수군이 무너지다."라는 글로 칠천량의 패전을 기록한다. 느닷없이 8월 7일은 무엇이고, 한산도는 왜 나왔는가. 앞에서 한산도 대첩은 거제도라 하더니, 칠천량 패전은 한산도라 한다. 두서없는 기록이다.

이 기록은 7월 16일 있었던 칠천량 패전을 말하고 싶은 것이다. 그뿐 아니다. 절영도(지금의 영도)에 나가 전투하고 기진하여 칠천도에 돌아온 다음, 권율이 원균에게 태형을 쳤다고 하는데, 권율이 태형을 친 것은 전투 개시 전인 7월 11일이었으니 전투 전개 사항과도 맞지가 않는다. 날짜도 장소도 전투의 전개 상황도 맞는 것이 없다.

이 부분에서도 예의 그의 글 쓰는 습관대로 주제에 맞는 글이 아니라 원균부터 깎아내리고 시작을 한다.

　初元均, 旣至閑山, 盡變舜臣約束, 凡褊裨士卒, 稍爲舜臣所任使者, 皆斥去, 以李英男, 詳知己前日奔敗狀, 尤惡之, 軍心怨憤, 舜臣在閑山時, 作堂名曰"運籌. 均挈愛妾, 居其堂, 以重籬隔內外, 諸將罕見其面, 又嗜酒, 日事酗怒, 刑罰無度, 軍中竊語曰 "若遇賊, 惟有走耳" 諸將私相譏笑, 亦不復.

"처음에 원균이 한산도에 가서 이순신이 정한 법도를 모두 바꾸었고 장수나 병졸 가운데 조금이라도 이순신의 신임을 받아 일하던 사람은 모두 내쫓았다."로 시작한 글은 "한산도에 운주당이 있는데, 원균이 첩을 데려다 살았다. 또한 술을 좋아해서 주정을 하고 화를 내어 부하들이 적을 만나도 달아날 수밖에 없다고 했다." 등 차마 입에 담을 수 없는 인신모독성 글을 서슴없이 쓰고 있다. 또 이런 글도 있다. "원균이 한산도에 부임하니 그때 제장들이 이순신의 부하였던지라 원균에게 협조를 하지 않고 고립과 소외를 시키고 비난을 했다."

이와 같이 원균이 무능하고 리더십이 없다는 기록이 그것이다.

이런 기록은 『징비록』에만 있는 것이 아니다. 『징비록』을 교과서로 삼은 현재의 모든 기록이 천편일률적으로 같다. 하지만 필자는 이 부분에 동의할 수 없다.

그가 그렇게 무능했다면 어떻게 동북면에 나가 여진족을 토벌하며 많은 공을 세우고 초배(특진)되어 종성 부사가 되었으며, 임진왜란이 급박하자 바다를 지킬 장수로 불과 2개월 전에 경상우수사로 전임이 되었겠는가. 1596년 7월 이몽학의 난이 일어나자 민심을 수습하라고 전라 병사에 임명했다가(8월 14일) 반년도 되지 않아 이순신의 하옥으로 빈자리가 된, 정유재란으로 왜의 침입을 최전방에서 막아야 하는 통제사의 자리까지 가게 되었을까.

그가 간 자리는 늘 불붙는 전쟁터였고, 시급을 요하는 험지였다. 원균이 정말 무능하고 부하들의 신망이 없었다면 위기에 처한 최전방 험지로 갈 수가 있었을까. 사실이라면 그런 인사를 했던 조정의 수상, 군무(軍務)의 수장인 유성룡부터 먼저 책임을 져야 할 것이다.

원균이 고립, 소외되었다는 부분도 그렇다. 부임 초기라 조직을 재편하는 시간이 필요했으리라 믿는다. 『난중일기』에도 이순신이 백의종군하며 근신해야 할 처지임에도 통제영에 있는 옛 부하들을 불러 통제영의 소식을 듣고 탄하는 것이 여러 번 나온다. 이는 올바른 처사라고 보이지 않는다.

원균이 이순신의 신임을 얻은 부하를 내쫓은 것이 아니라, 이순신이 후임을 적극 지원하지는 않고 이간질을 했던 것은 아닌가? 하는 의심이 가는 부분이다. 이는 "큰 칼 옆에 차고 깊은 시름하는" 나라만 생각하는 영웅의 모습은 전혀 아니다.

병서(兵書)에 이런 말이 있다. 전쟁터에서 대장을 죽게 하면 차장을 벤다고.

정유재란 해전에서 우리는 통제사 두 명을 잃었다. 『선조실록』 34년 1월 17일조에 의하면, 차장에 해당하는 수하 중에 해전에서 살아남아 고관대작이 된 자들이 많다고 한다. 살아남은 자들이 염치가 없어 자신들의 죄를 조금이라도 씻어 보려는 의도로 주장인 원균을 좋게 평하지 않고, 비난하려는 소리에 소극적인 동조를 하지 않았나? 하는 추정을 할 수 있는 기록이다.

한산도뿐 아니라 이순신은 가는 곳마다 거처를 편의상 운주당이라 이름하였다 전하다.

그렇다면 운주당(運籌堂)은 이순신의 거처로 기거를 하며 통제사로 업무를 보던 공적인 공간으로 보인다. 지금도 한산도 이충무공 유적공원에 가보면 운주당 터에 제승당 건물이 들어있어 운주당이 통제영의 주 건물임을 말해주고 있다.

다른 기록에도 보면 한술 더 떠 이순신이 있을 때는 장, 졸 간에 모여 자유롭게 토론을 하고 전술을 논의하던 공간인데 원균이 온 이래 이런 모습은 볼 수가 없고 첩과 함께 술로 지냈다는 등 험담을 늘어놓고 있다.

원균이 첩을 데려다 운주당에 기거했다는 기록은 사실일까? 그렇다면 원균이 일체 공무도 다 팽개치고 주색에 빠져 지냈다는 말인가? 한가로운 평화 시대도 아니고, 전임자가 왕명을 어겨 파직을 당하고 하옥되었음은 물론 전쟁(정유재란)이 다시 벌어진 급박한 위기의 상황인데 앞뒤가 안 맞는 말이다.

그것도 전혀 물정을 모르는 장군도 아니고 불과 얼마 전까지 그 전쟁터에서 함께 싸우고 생사를 같이한 원균인데 너무나 가혹하고 얼토당토않은 모략이다. 그것은 일국의 통제사에 너무나 염치없는 지나친 험담이다. 첩실인지? 관비인지? 알 길은 없으나 설사 그렇다 치더라도 점잖지 못한 표현이다.

이는 신분 사회였던 당시에 전쟁터를 오랫동안 전전해야 하는 고위 무장(武將)에게는 일상적인 모습으로 『난중일기』에도 첩실로 추정되는 여자들이 진영에서 자고 가는 기록이 있다.

김훈의 『칼의 노래』에서는 한산도 통제영이 불탈 때, 열 구의 그을린 기생 시신이 나왔다 하며 한술 더 부풀리고 있다. 글을 옮길 때마다 극화를 위해 과장하는 일련의 행위에 강한 거부감이 든다.

실제 원균의 성품은 직설적이고 강직하며 성정이 급한 무장(武將) 그대로의 모습이었으리라. 그래서인지 『선조실록』에도 원균이 부하들을 잘 돌보지 못한다고 기록되어 있다.

어쩌면 이것이 원균의 아픈 부분인지도 모른다. 하지만 『난중일기』의 이순신도 수시로 부하들에게 곤장을 때리고, 참수했다고 하니, 당시 전쟁 상황에서 리더십은 오늘의 기준으로 논하기에 한계가 있어 보인다.

유성룡은 이 부분의 후반부에 원균의 죽음을 전하며 이런 글까지 남긴다.

"적에 쫓기는데, 신체가 비대하고 둔하여 소나무 밑에 앉아 좌우 부하들이 도주한 체 적에게 살해되었다. 어떤 이는 그가 적에게 죽었다고 하고, 또 어떤 이들은 그가 달아나서 살아남았다고 하지만 어느 쪽이 사실인지 알 수 없다."

夜半, 倭船來襲之, 軍大潰, 均走至海邊, 棄舟登岸, 欲走, 而體肥鈍, 坐松樹下, 左右皆散, 惑言爲賊所害, 惑言走免, 終不得其實.

원균의 전사(戰死)를 인정하지 않고, 신체에 관한 부적절한 언급을 넘어 비겁하게 도망을 했을지도 모른다는 추측까지 남긴 것이다. 일국의 영상이 전쟁터에서 죽은 수군 대장의 시신을 수습하지 못한 죄를 청하지는 않고, 막말에 가까운 기록을 남긴 것에 통한을 느낀다.

그때 원균의 나이는 58세. 당시로서는 노장군였다.

사실 여부를 떠나 이것이 일국의 영상을 지내고, 삭탈관직을 당한 사람이 쓸 글인가. 참으로 이해할 수 없는 부분이다. 아마도 유성룡 본인이 쓴 글이 아닐 것이다. 죽음을 얼마 남기지 않고 쓴 글이니, 본인의 글이 아니라 어느 누가 대신 쓴 허구라 믿고 싶다. 소설이면 가능하다. 하지만 역사서나 회고록으로 보기에 그의 인품에 비추어 도저히 납득이 가지 않는 글이다.

당시 전투에 종사한 선전관 김식의 칠천량 해전에 관한 보고서 「정유년 장계(狀啓)」에는 원균은 분명 "왜구 6, 7명과 싸우다 최후를 맞았다"라고 기록되어 있다. 유성룡도 그 장계를 보아 알고 있을 것인데 원균이 달아나서 살아남았다는 말을 기록으로 남겨 지금까지도 악평과 험담의 단초를 제공하는지 이해를 할 수 없다.

원균이 통제사가 되어 한산도에 부임한 것이 2월 말이니 기껏 4개월 남짓. 그가 경상우수영의 수사로 부임한 것도 2개월 남짓 되어 왜의 침입이 있었다. 그는 언제나 정부에서 위급한 시기에(임진왜란과 정유재란) 방패막이로 동원이 된 인사였는데, 언제 제도를 바꾸고, 리더십을 운운할 시간이 있었다고 일국의 수군 수장을 폄하하는 기록을 서슴지 않는가. 국난을 맞아 위기를 함께 헤쳐나가야 할 위치에서 상사로서 또 동지로서 참으로 점잖지 못한 기록이다.

참고로 칠천량 패전에 대한 원인은 후에 나오는 '칠천량 패전' 부분에서 자세히 설명을 하겠지만, 첫째, 무능한 정부가 속은 요시라 반간계와 둘째, 일국의 수군 장(長)을 곤장을 쳐서 전쟁으로 내몰아 꺾인 사기(士氣)와 셋째, 3년에 가까운 강화(講和) 회담 기간 동안 포기한 남해 해안과 31개 왜성 때문이다. 이에 관한 언급은 한마디도 없이 왜 원균에게만 패전의 책임을 씌우는가?

이순신의 최후 - 나의 죽음을 알리지 말라?

노량 해전에서 이순신의 전사(戰死) 장면 기록은 『징비록』의 압권이다. 이 장면을 통하여 이순신을 신격화하고 영웅으로 만든다. 아니 이순신이 아니라 유성룡 자신을 신으로 만들고 영웅으로 그리며 『징비록』을 마무리한다. 그만큼 이순신을 위한 글이다. 아니다. 이순신이라는 대역을 통해 자신을 위하여 쓴 글이다.

『징비록』에서 전하는 이순신의 최후는 이렇다.

> 적의 수군을 뒤쫓아 남해의 경계인 노량에 이르러 이순신은 날아오는 화살과 돌을 무릅쓰고 친히 열심히 싸웠다. 총알이 가슴을 뚫고 등 뒤로 나가니 좌우에서 그를 부축하여 장막 안으로 옮겼다. 이순신은 "지금 싸움이 급하니 삼가 내가 죽었다는 말을 하지 마라." 하고는 전사했다. 이순신의 형의 아들인 완(莞)은 원래 담력과 도량이 있는 사람이어서 이순신의 죽음을 비밀로 하고 전투를 더욱 급하게 독려하였으니 군중의 병사들은 그 사실을 알지 못하였다.
> 진린이 탄 배가 적에게 포위된 것을 본 이완은 부대를 지휘하여 이를 구하러 갔다. 적이 흩어져 달아난 뒤에.

> 追至南海界 舜臣親犯矢石力戰 有飛丸中其胸 出背後 左右扶 入帳中 舜臣曰 "戰方急 愼勿言我死" 言訖而絶 舜

臣兄子莞 素有膽量 秘其死 以舜臣命, 督戰益急 軍中不
知也 陳璘所乘舟 爲賊所圍 莞望見 揮其兵求之 賊散去.

임진왜란의 또 다른 문헌인 안방준이 쓴 『은봉야사별록』의 「노량
기사」에 보면 다음과 같은 기록이 있다.

> 탄환이 송희립의 갑옷과 투구에 적중하여 이마뼈를
> 스쳤다. 희립은 바닥에 쓰러져 거의 죽게 되었다. 사람
> 들이 공(이순신)에게 "송 아무개가 탄환에 맞았습니
> 다." 하자 공이 크게 놀라서 일어섰는데 이때 탄환에
> 겨드랑이 밑을 맞았다.
> "사또가 탄환에 맞았다."라고 소리를 질렀다.
> 송희립이 이마를 싸매고 장군의 자리에 올라가 보니
> 공은 이미 숨이 끊어졌고 아들 회(薈)가 울고 있었다.
> 공의 갑옷과 투구를 벗겨 붉은 담요로 주검을 싸고,
> 또다시 초둔(草芚)으로 덮었다. 그리고 이내 공의 갑옷
> 과 투구를 입고 초둔 위에 가리고 앉아서 대신 깃발
> 과 북을 잡고 더욱 급히 싸움을 독촉하니 왜적의 배
> 는 크게 패하여 대포에 부서지거나 갈고리에 걸려 침
> 몰된 수를 헤아릴 수 없었다.

이순신이 죽으면서 했다는 "나의 죽음을 알리지 말라."는 말은 오
직 유성룡의 『징비록』에서 처음 확인이 된다. 아마도 그가 만들어
낸 말이 아닌가 싶다. 이 말을 통하여 이순신은 오로지 국가만을

위하는 충성의 화신으로 영웅이 되고 신이 된 것이다.

그러나 유성룡은 거기에 족하지 못했다. 울고 있던 아들 회(薈)는 어디로 가고 조카 완(莞)이 나타나 담력과 도량이 있는 자로 칭송을 받고 이순신을 대신하여 전투를 독려하여 승리를 거두었다고 한다. 이완은 민간인 신분이 아니었을까? 군관이거나 더욱 무장은 아닌 것이 분명한데 "이순신이 죽자 선두에 나가 북을 울리며 전투를 독려하여 승전을 이끌어 냈다."라고 하니 나가도 너무 나가고 뻥이라면 엄청난 뻥이다. 임진왜란 해전에는 수많은 영웅과 전사가 있었다. 그러나 글 쓰는 이에 따라 자기가 지지하는 사람과 사건을 집중적으로 부각하거나 강조하는 것이 사실이다.

안방준은 송희립을 부각시켜 그가 이순신을 대신하여 장군선을 지휘하여 전쟁을 끝냈다고 기록하고 있다. 정사인 『선조실록』 선조 31년(1598년) 11월 27일 자에 의하면 손문욱(孫文彧, 실록에는 이문욱이라 적음)이 이순신의 죽음을 숨기고 북을 올리며 독전하니 마침내 적이 대패하였다 한다. 『선조실록』 선조 31년 12월 18일 자에도 손문욱의 큰 활약에 대하여 도원수 권율이 장계를 올려 말하길 "통제사이순신이 죽은 뒤 다행히 손문욱 등이 마침 때를 놓치지 아니하고 잘 처리하여 비록 순신이 죽었으나 혈전이 계속되었습니다. 손문욱은 친히 판옥(板屋) 위에 올라 적세를 살피면서 지휘 독전하였습니다."는 기록이 있다.

이에 군공청(軍功廳)에서 장계하여 "손문욱의 지휘 독전한 공로가 당상관(堂上官)의 품계를 주어도 아까울 것이 없습니다." 하니 그 후 손문욱은 당상관(堂上官)인 정3품(正三品) 절충장군(折衝將軍)이 되었다.

유성룡은 임진왜란의 마지막 전투인 노량 해전에서 최후의 지휘관이 누구인지 몰랐을까? 아니면 알면서도 이 공까지 이순신 가문인 덕수 이씨에 넘기고자 했을까? 과연 이순신이 조카인 완(莞)까지 등장시켜 끝까지 남의 공을 탐해야 했을까?

하지만 정사가 기록하고 있고, 권율의 장계에서 손문욱의 공을 인정하여 정3품 절충장군이 된 것을 보면, 『징비록』의 이 부분도 역사를 왜곡한 것이 틀림이 없다.

노량 해전으로 전쟁은 끝이 났다. 적선 200여 척이 격침되고, 100여 척을 나포하는 엄청난 전과를 거두었다.

사실 이순신이 영웅으로서의 진가는 백의종군 후 다시 통제사로 임명되고부터이다. 명량에서 극적인 승리를 거두어 서해로 진출하려는 왜의 발을 묶어 놓고, 수군 진영을 고하도와 고금도로 옮기면서 군량을 비축하고, 많은 무기를 만들고 새로 군선을 제작하며 전쟁에 철저히 대비하였다. 그리고 노량 해전에서 모든 것을 쏟아부어 적을 철저히 부셨다. 이순신의 생각에는 적 한 명도 살려서 돌려보내고 싶지 않았을 것이다. 이순신 개인으로는 전사(戰死)라는 최후를 맞으면서도 한산도 침거 이후 3년 가까운 세월의 한을 이 전투에서 말끔히 씻어냈다고 보아야 할 것이다.

원균을 깎아내리지 않아도 두 전투와 그 준비 과정만 보아도 훌륭한 영웅이고 승리자임에 틀림이 없다.

4편의 추가 기사

처음에 정읍 현감으로 있는 이순신을 갖은 칭찬을 하며 유성룡 본인이 발탁하여 전라 좌수사로 천거했다는 기록과 명량 해전 기록, 이순신의 신상 소개, 장군으로서의 이순신의 비범함과 의연함을 칭찬한 기록 등 살펴보아야 할 네 부분의 기록이 더 있지만, 지금까지 지적한 유감으로도 충분하고 넘칠 것 같아 여기에서 줄이고자 한다.

다만 명량 해전과 관련해서는 그 전과가 대단한 것은 틀림없으나 왜가 일본에 돌아가 재침할 때 대형 군선을 다수 만들어 왔으나 적선 30여 척을 궤멸시킨 것에 대해 작금의 영화나 소설에서 과잉으로 표현한 부분이 없지 않나 하는 생각과 함께 그 후라도 상당한 시간을 두고 왜가 그 우수한 전력으로 재차 전투를 시도하지 않았을까? 하는 의문을 남긴다.

이상에서 살펴본 바와 같이 유성룡은『징비록』을 통하여 자신의 모든 허물에 대하여 원 없이 변명도 하고, 국가를 위한 충성도 강변했으며, 자신 때문에 이 전쟁이 끝났다는 이야기까지 시원히 했다.
그러나『징비록』이 허구의 일을 다룬 소설이라면 이해를 하겠지만 역사서나 회고록으로는 적당하지 않은 부분이 많다. 그 이유는 사실을 왜곡한 것은 물론 한 개인의 인격까지 모독하여 역사의 죄인으로 만들어 놓았기 때문이다.

이것이 필자가 감히 역사적인 인물이며 위인의 반열에 오른 유성룡과 국보인 『징비록』에 이의를 갖는 이유이다.

2

신립(申砬)이나 이일(李鎰) 등은 어떻게 평가하고 있나?

신립(申砬)에 대하여

앞에서도 유성룡이 파당에 쏠려 있었다는 이야기는 했다. 그는 파당으로 입신하고 북인의 탄핵으로 삭탈관직까지 당하는, 그야말로 당쟁의 중심에 있었고 격랑 속에 있었던 인물이다.

개전 초, 양병(養兵)을 게을리하고 전쟁 준비를 소홀히 한 것이 과연 장수만의 책임일 것인가. 하지만 이순신, 권율과 같이 자기 사람이 아닌 장수는 패전의 책임을 물어 형편없이 폄하했던 기록이 있다.

병사도 없이 육탄방어를 하다 전사한 당대 최고의 명장 신립과 이일에 관해 그가 어떻게 기록하고 있는지 살펴보기로 한다. 이 기록에서는 향후 치밀한 변명을 위하여 한 사람을 인격까지 모멸하고 있음을 볼 수 있다.

임진년 초봄에 변경 상황을 파악을 위해 신립과 이일을 보내며, 유성룡은 신립을 이렇게 평하고 있다.

"신립은 원래 잔인하고 난폭하다는 평판이 자자하여 지나는 곳마다 사람을 죽여 위엄을 세웠다. 그래서 그들이 지나는 곳의 수령들이 이를 두려워하여 백성들을 동원하여 길을 닦고 접대하는 것이 매우 사치스러웠다."

壬辰春 砬素有殘暴之名, 所之殺人立威, 守令畏之, 發民治道, 供帳極侈.
余問, 早晚有變, 公堂任之, 公料, "今日賊勞難易如何?"
砬甚輕之, "以爲不足 憂", 余曰, 不然, 往者, 倭但持短兵, 今則兼有鳥銃長技, 不可 輕視. (이하 생략)

이와 같이 기록하고는 신립이 자신을 찾아왔기에 적의 세력을 묻고, 왜의 세력을 가벼이 봄을 자신이 신중하게 타일렀다는 식이다.

임진년 4월 17일 처음으로 조정에 변경(왜의 침입) 보고가 도착하여 모병하는 과정에서도 신립의 인격까지 혹평하는 기록이 『징비록』에 나온다.

신립이 병사를 모집하였지만 자신을 따르려는 사람이 없는 반면, 유성룡이 소집한 병사들이 뜰 안에 가득한 것을 보고 매우 화낸 기색을 보였다.

十七日 早朝 砬出闕門外. 自行招募, 武士無願從者, 時
余在中樞府治行事,
砬至余所, 庭間應募者簇立, 色甚怒. (이하 생략)

또 탄금대 전투에서 패하자 신립뿐 아니라 경상도 육전과 수전에
모든 장수를 겁쟁이로 몰며 자신의 책임이나 조정의 책임이 아니라 장
수들 때문에 전투를 그르치고 임금이 한양을 버리고 도망칠 수밖에
없다는 당위성을 끌어내며 변명을 준비하고 있음을 간파하게 한다.

"신립은 조령을 지키려 하였지만 이일의 패전 소식에
낙담하여 충주로 돌아왔다. 거기에 그치지 않고, 험
한 것(조령)을 버리고 지키지 않았으며 명령이 번잡하
고 소란스러우니 이 모습을 본 사람들은 모두 신립이
패할 것을 알았다."

砬欲保鳥嶺, 聞鎰敗, 膽落還忠州, 棄險不守, 號令煩拜,
見者知必敗.
不幸本道水陸將皆怯恸, 其在海中也, 左水使朴泓.
右水使元均, 左右兵使 李珏. 曹大坤. (이하 생략)

이와 같은 혹평에 이어 경상도에 수군과 육군 장수들은 모두 겁
쟁이라며 경상 좌수사 박홍(朴泓)과 우수사 원균(元均)과 좌 병사 이
각(李珏)과 우 병사 조대곤(曹大坤)을 싸잡아 비난을 하지만 이들을
임명하고 부리지 못한 자신의 얼굴에 누워서 침 뱉기 식의 욕임을

알지 못하는 것 같다.

언젠가 신립 장군의 후손에게 들은 이야기다.

"어차피 나라를 위하여 목숨을 내놓기로 한 바에 옹색한 조령보다는 툭 터진 탄금대를 배경으로 사나이답게 싸우다 장렬히 전사하고 싶었을 것이다."

그렇다 당대의 명장 신립은 무인답게 자신이 죽을 자리를 선택했을 것이다!

I 새도 쉬어 넘는다는 조령 관문: 신립이 험준한 조령을 버리고 탄금대에 배수진을 친 까닭은 낙화암에서 떨어진 삼천궁녀의 심정이 아니었을런지.

이일 등에 관한 평가

『징비록』은 상주 전투의 패전을 전하면서 다음과 같은 일화를 전한다.

> 暮有開寧縣人來報賊近, 鎰以爲惑衆, 將斬之, 其人呼
> 曰 "願姑因我 明朝賊未至 死未晚也" 而鎰軍無斥候,
> 故賊來不知, 翌朝, 鎰猶爲無賊, 出開寧人於獄, 斬以徇
> 衆. 賊追鎰急, 鎰棄馬脫衣服, 披髮赤體而走.

개령현 사람이 와서 이일에게 적이 가까이 왔다는 사실을 알렸는데, "그 첩보가 사람의 마음을 어지럽힌다."면서 헛소문이라 하여 목을 베어 버렸다. 이는 초본의 기록이다. 간행본에서는 다음 날 죽인 것으로 수정되었다.

이 일화를 소개하며 장수로서 기본인 척후병을 세우지 않아 적이 온 것도 몰랐다는 비판에 이어, 이일이 패주하여 도망하는 모습을 "적이 이일을 추격하자 말을 버리고 옷을 벗어 던지고 머리칼을 풀어헤쳐 알몸으로 달아났다."라고 적고 있다.

유성룡이 그 장면을 보았을까? 마치 앞에서 본 사람과 같이 구체적이다. 아니 제 나라 장수에 대한 표현이 점잖지 못하고 모욕적이다.

원균만을 폄하하고 매도한 것이 아니다. 자기변명을 위하여, 나아가 전쟁을 종식시킨 공을 내세우는 데 도움이 된다면 패전의 책임을 씌우며 혹평을 서슴지 않았다. 그 장수는 누가 임명을 했는가? 이는 모든 군무의 책임을 지고 있는 도체찰사로서 자신의 허물을 이야기하는 것이다. 뿐만 아니다. 유성룡은 의병장 김천일까지도 혹평하고 있다.

1593년 6월에 있었던 제2차 진주성 전투는 임진왜란 7년 전쟁 중 가장 참혹한 전투로 기록된 전투다. 김시민의 진주 대첩에 묻혀 잘 알려지지 않고 오히려 촉석루의 논개 이야기로 전설처럼 전해져 내려오고 있지마는 실상을 파헤치고 보면 거기에도 무능한 정부의 대처와 인사를 잘못한 조정의 책임이 크다.

조정의 잘못이 있다면, 그 수반으로 있던 유성룡의 책임이 클 것이 자명한 일이거늘 유성룡은 이 전투에서도 끝까지 분전하다 중과부적으로 아들과 함께 남강에 투신 순사한 의병장 김천일을 『징비록』을 통하여 다음과 같이 혹평을 하고 있다.

> "김천일은 병법에 어두웠으며 자기 고집이 매우 심하였다. 진주 목사 서예원과 사이가 좋지 않아 제멋대로였으며, 명령이 어긋났기에 크게 패하였다."

> 城中人 不敢出頭, 又千鎰所卒, 皆京城市井召募之徒, 千鎰又不知兵事, 而自用大甚, 且素惡徐禮元, 主客相猜, 號令乘違, 是以甚敗, 千鎰 在矗石樓, 與崔慶會携手痛哭, 赴江死.

창의사 김천일이 누구인가? 1537년 나주에서 태어나 여러 관직을 거쳐 수원부사를 지내고 임진왜란이 일어나자, 의병을 이끌고 전라, 충청, 경기, 경상 4도에서 활약하였으며 수원 독산성 전투, 강화, 양천 등 수많은 전투에서 공을 세운 임진왜란 대표적인 의병장이다.

김천일 앞에 붙는 창의사의 연유도 밝히고자 한다. 임금이 의주 행재소에서 처음으로 의병을 포함한 전황 보고를 받고 의병들의 활약에 감격하여 교지를 내려 김천일에게 정삼품 이상의 품계를 올리는 파격적인 인사를 단행한다. 판결사(判決事)로 삼아 의병을 처음 창의했다 하여 창의사(倡義使)라 칭하게 하므로 김천일 의병장에게는 창의사 김천일이라 부르게 된다. 사실 이미 수원부사를 지낸 바 있으므로 파격이라 볼 수는 없으나 의병에게 당상관 이상의 벼슬을 처음 내린 것에 의미를 둔다.

그런 김천일에게 병법에 어둡다니, 화목하지 못하다며 당치않은 험담을 하는 유성룡의 인품을 의심하지 않을 수 없다.

제2차 진주성 전투는 일본 측에서는 풍신수길이 1차 진주성 전투에 패배를 설욕하고자 가또 기요마사, 고니시 유기나가, 우키다 히데이에 등 당시 참전한 일본군 정예부대에 직접 명령하여 전력을 다하도록 한 반면 조선 조정은 참전을 두고도 의견이 갈려 곽재우 등은 참전을 하지 않는 등 분열이 있었고 그 이면에는 더 이상 희생을 피하려는 명나라의 강화(講和) 주장과 강화파인 유성룡의 미온적인 대처가 한몫을 했을 것이다.

다시 정리하면 일본은 도요토미 히데요시가 직접 관심을 가지고 전력을 다한 반면 조명 연합군은 서로 발뺌을 하며 참전을 하지 않으므로 권율의 관군이나 명군 등 외부 지원을 외면받은 진주성만의 외로운 싸움이었다.

그리고 잘못된 인사도 지적을 하고자 한다. 김시민의 후임 진주목사의 인선을 1차 진주성 전투에 참여한 곤양군수 이광악이나 곽재우를 마다하고 자신이 속한 남인 계통의 서예원을 임명하고 그 위에 김천일이나 최경회를 임명한 자체가 분란을 예고하고 있었다. 유성룡의 인사가 매사 이렇다.

김천일이 관직 경험이나 나이(11살 위)로 보아도 서예원보다는 훨씬 위인데도 위계질서가 분명치 않다. 자기편의 사람을 심고 그에 힘을 실어주어 분란을 초래하곤 한다.

후에 유성룡이 진주성 전투에 영웅이라고 추켜세운 서예원은 진주목사로서 전투에서 별 역할도 없이 명나라 장수 접대나 하는 등에 지나지 않고 실질적인 진주성 전체 지휘는 의병장인 김천일이 맡았으니 오죽이나 관군이 시원치 않았고, 행정체계가 형편이 없었는지를 알만하다.

결국 제2차 진주성 전투는 10만 명에 가까운 왜의 정예군을 맞아 관군 3천 명을 포함한 6만여 병사와 백성이 여름장마 중에 악전고투하였으나 참혹하게 전멸하며 9일 만에 막을 내린다.

그때 이미 김천일은 병이 깊어 아들 김상건을 앞세우고 가마를 타고 순성(巡城)하며 전투를 독려하다 절망적인 상태에 이르러 부자가 남강에 투신하여 순절한다. 이어 최경회, 양산숙, 고종후 등 의병장도 남강에 뛰어들어 순절을 하지만 진주 목사 서예원은 도망가 숨어 있다가 왜에 의하여 참살을 당한다.

이렇게 2차 진주성 전투의 참혹상을 전하며 분명히 하고자 하는 일로 유성룡의 애매하고 납득이 안 가는 행동이다. 그때 유성룡은 호서. 호남. 경상 3도 도체찰사의 신분이다. 진주성 전투를 앞두고 양군이 대치하고 있을 때 유성룡은 남쪽으로 간다며 전투 현장이 아닌 안동 하회로 갔으니, 형 유운용이 모시고 있는 어머니를 뵙고 효도를 하러 간 것이다.

바람 앞에 등불 같은 절대 절명의 국란 앞에 국가를 구하고 어머니를 뵈어야 하는 게 유가(儒家)의 도리가 아닌가? 유성룡은 전쟁의 지휘자로 관군과 명나라의 참전 등 중요한 역할을 해야 할 자리에서 사사로운 효도에 매여 있었으니 그 책임이 가벼울 수 없다.

그가 하회를 떠나면서도 형을 통하여 어머니를 부석사 등 경상도 절뿐 아니라 용문사와 운악산 현등사 등 북쪽까지 절간을 돌며 전란을 피하여 다녔다 하니 요즘 말로 하면 호화 유람이라고나 할까?

그에게는 나라와 백성은 없고 특권의식의 어머니만 있는 참으로 염치없는 행위이고 무책임한 국정 운영자이다.

당시 정치를 주도했던 유성룡은 전쟁에 참패를 하고도 남부끄러운 줄도 모른다. 책임을 질 줄도 국민에게 사죄할 줄도 전혀 모른다. 강화(講和)에 몰입하여있고, 당쟁에 몰입하여 편 가르기에 급급한 모습이다.

『징비록』에서도 그의 일관된 모습이다. 전쟁에서는 자신이 천거하거나 남인 쪽 장수뿐이 없다. 목숨을 내놓고 끝까지 용전하다 자식과 함께 순직한 장수에게 모두 패전에 책임을 묻고 있다.

하나같이 그 행태가 똑같다. 무능하고, 고집이 세고, 시기하고 분열을 조장하는 인물로 만들어 전쟁에 책임을 묻고 있다. 원균이 그렇고, 이일도, 신립도 아니 김천일같이 4도를 누비며 싸우다 순사한 의병장까지….

왜? 죽은 자는 말이 없으니까…. 호의호식하며 온갖 권세를 누리며 10만 양병설까지 무시하며 정치를 전횡해 온 유성룡은 너무 염치가 없는 것 아닌가? 조선을 통틀어 보아도 정태화, 박순은에 이어 유성룡은 1812일 약 5년 동안이나 영의정을 지낸 세 번째 장수 재상이다.

참으로 걸맞지 않은 행동이고 징비록의 기록들은 빛이 바래진다고밖에 볼 수가 없는 부분이다.

3

『징비록』을 쓰는 유성룡의 심정은 어떠했을까?

이 부분은 필자의 추측이다. 상상력이고 허구이기도 하다. 유성룡이 처한 당신의 입장과 전후 조정의 상황, 당쟁 등을 감안하여 합리적인 논리를 전개해 본다.

유성룡은 『징비록』을 쓰면서 시경(詩經)의 문구를 인용하여 "내가 앞의 잘못을 징계하여 후에 환란을 조심한다."라 하며, 이것이 『징비록』을 기록한 이유라고 하였다.

'징비'라는 문구의 해석이 조금은 옛날식의 해석이고 좀 더 편하게 해석을 하면 "지난 잘못을 처절히 반성하여 닥쳐올 후환에 대비한다."는 뜻으로 이해를 하면 될 것이다.

아무도 그 당시 유성룡의 마음을 헤아릴 수는 없다. 단지 여러 정황이나 사실을 근거로 하여 추측을 할 뿐이다. 과한 부분이 있다면 용서를 바랄 뿐이다.

임진왜란이 일어나기 전부터도 당쟁을 주도하며 조정의 실력자로 갖은 요직을 다 거친 유성룡은 이순신이 노량에서 전사하던 1598년 (선조 31년) 11월 18일 파직을 당한다. 참으로 기이한 인연이다. 유성룡이 분신같이, 아니 이순신의 공이 자신의 공인 양 내세우던 이순신과 같은 날에 한 사람은 전사를, 그리고 또 한 사람은 정치적 사망인 파직을 당하다니.

명의 병부주사(兵部主事) 정응태의 무고 사건으로 조선과 일본이 힘을 합쳐 명(明)을 치려 한다는 오해를 받고 있던 차, 명(明)나라에 변무(辨誣) 사신으로 다녀오라는 임금의 명령에 "아니 가겠다." 하여 파직을 당하고 이어 북인들의 상소로 삭탈관직까지 당한 이후이니 그의 심경이 어떠했을지는 짐작만을 할 뿐이다.

정치적으로 모든 것을 잃고 소외되어 두려워서일까? 아니면 정적들의 탄핵으로 승승장구만 하던 권좌가 놓기 아쉬워서일까? 이도 저도 아니면 본인에게로 몰려드는 전쟁의 책임이 두렵거나 위기감을 느껴 무언가 변명의 구실을 찾아야 해서일까? 책의 제목인 『징비록』같이 지난날의 잘못을 반성한 흔적은 찾아보기 힘든 기록뿐이다.

유성룡은 임진왜란 전에도 그렇고 임진왜란 중에도 병조판서, 좌의정, 도체찰사, 영의정 등 모든 요직을 다 거치며 전쟁의 책임을 져야 할 당사자에서 한 걸음도 피할 수 없는 위치에 있었다. 특히 누가 뭐라 해도 전쟁 대비에 아주 소홀했다는 책임을 피할 수 없다.

그중 가장 큰 것은 이율곡의 십만 양병설을 정면으로 반박한 것과 자신이 천거한 김성일이 통신사로 일본에 다녀온 이후 임금에게 거짓 보고를 올린 것을 인지하고도 그를 묵인하고 아무런 대비를 안 한 것이다.

이는 가벼이 넘길 수가 없는 중대한 일로서 유성룡은 서둘러 글을 남겨 모면을 하고 싶었는지도 모른다. 역사를 왜곡하고서라도, 거짓 기록으로 남겨서라도 그 질곡으로부터 벗어나고 싶은 심정이 아니었을까?

다음은 이율곡의 십만 양병설에 관한 기록이다. 임진왜란이 일어나기 10년 전 경연(經筵) 대화록이다.

이율곡, 이산해, 김우용, 유성룡 등 제공이 자리했는데 이율곡이 아뢰어 말하기를,

"국가의 형세가 부진함이 오래되었사오니, 앞으로 닥쳐올 화를 염려하지 않을 수 없사옵니다. 청컨대 10만 명을 양병(養兵)하시옵소서. 도성에 2만 명, 각 도에 1만 명씩 양성을 하여 위급한 일에 대비하시옵소서. 그렇게 하지 않고 맡은 직무를 게을리하면서 세월만 보내어 무사안일한 습관이 든다면 하루아침에 변이 일어나 시정의 백성을 이끌고 싸우게 되는 큰일을 치르게 됩니다."

율곡의 이런 제의에 찬성하는 이가 한 사람도 없었고, 유성룡은 "일에 임하여 쓸데없이 모의하기를 좋아한다."라는 말로 저지하기에 이르렀다.

경연이 파하고도 유성룡이 율곡에게 말하기를 "지금과 같은 태평무사한 때에는 경연의 자리에서 마땅히 성학(聖學, 유학)으로 우선을 삼아 힘써 권해야 하며 군대의 일은 급한 것이 아닙니다. 공은 어떠

한 소견이 있기에 우리와 의논하지도 않고 혼자 이와 같이 아뢰옵니까?" 하며 공격을 하자, 율곡이 "속된 선비가 어찌 시무(時務)를 알리오." 하고 웃으며 답하지 않았다. 이에 이산해가 유성룡을 가리켜 틀렸다며 나서지만 다른 이는 아무도 말하는 이가 없었다고 전한다.

서인 이율곡을 몰아치는 이 모습은 『선조실록』이나 『수정실록』에서 "권세는 누렸으나 붕당에 몰입하였고 우유부단하였다."는 유성룡에 대한 당시의 평을 확인시켜 주는 대목이다.

정쟁의 틈바구니에서 율곡은 조정에서 외롭게 지내다 1584년 갑신년(선조 17년)에 세상을 떠난다. 그 후 1592년 임진년 4월에 왜가 쳐들어와 질풍같이 반도를 점령하자 조정은 갈팡질팡 아무 대책을 못 세우고, 유성룡은 오직 "숙헌(叔獻, 李珥의 字)은 참 성인이다. 우리들은 당연히 만고의 죄인 됨을 면하지 못할 것이다. 평시에 숙헌이 십만 양병을 청하였을 때, 나는 그것을 사정이 어두운 것이라고 여겨 막았으나, 오늘에 이르러 크게 후회하게 되었으니 기가 막힘을 어찌할 수 없구나." 하고 뒤늦은 자책을 하지만 이미 때는 늦었다.

일본에 통신사로 파견되었다 돌아온 김성일(동인, 副使)은 서인인 정사(正使) 황윤길이 "왜의 침략 의도에 대비를 철저히 해야 한다."는 보고와는 달리 "도요토미 히데요시(豊臣秀吉)를 보니, 원숭이 눈을 하고 겁쟁이 같아 전쟁을 일으킬 위인이 못 된다."고 상반된 보고를 한다. 김성일이 누구인가? 유성룡과 같이 퇴계 문하에서 동문수학을 하고 그의 추천으로 통신사가 되어 일본을 다녀온 사람 아닌가?

유성룡은 자신이 쓴 『징비록』에서 이렇게 말하고 있다.

김성일에게 "자네의 말이 정사와 어찌 다른가?" 하고 물으니 김성일이 말하기를 "저 역시 일본이 쳐들어오지 않는다고는 생각지 않습니다. 하지만 황윤길의 말이 너무 강경하여 민심이 동요될까 그리 말한 것입니다."라고 기록되어 있다.

그렇다면 임금에게 거짓을 고하였다는 것이고, 유성룡은 이것을 알고도 방조 내지는 묵인하였다는 것이다. 더 큰 죄는 이를 알고도 전쟁을 막아낼 아무런 대비책도 세우지 않았다는 점이다. 참으로 엄청난 일이고 당시 조정의 행태와 당파싸움의 폐해를 보여주는 단면이기도 하다.

후일 임진왜란으로 왜군이 침략을 하여 속수무책이 되자 임금은 그제서야 크게 노하여 "김성일의 잘못 때문에 나라의 일이 이 지경에 이르렀다. 성일로 하여금 즉시 영남으로 내려가 왜적을 막도록 하라." 하고도 분이 안 풀려 그 뒤 며칠 만에 금부도사에 명하여 성일을 잡아다 임금 앞에 꿇리도록 하였지만, 다 때늦고 부질없는 일이었다.

그는 미리 대비할 수 있었던 전쟁의 모습, 당쟁에 가려 보이지 않고 소홀했던 전란의 결과로 시체가 뒤덮은 산하와 만연한 역병으로 고통을 받은 백성들을 생각하며 도망치고 싶었을지도 모른다. 아니 어쩌면 자신의 역할을 내세워 스스로 위안을 받고 책임에서 벗어나려고 몸부림을 쳐야 했기 때문에 역사를 왜곡하고 전쟁에서 목숨 바친 장수들의 험담을 늘어놓으며 책임을 뒤집어씌워야 할 수밖에 없었을 것이다.

자신이 아무런 대비를 못 하고 당쟁에 몰입하는 동안 맨몸으로 전쟁터에 나가 순절한 부하의 넋은 위로는 못 할망정, 그는 『징비록』에서 원균뿐만 아니라 신립과 이일, 심지어 의병장 김천일까지도 죽이고 또 죽였다. 온갖 모욕과 비겁함으로 수식하면서.

『징비록』에는 오로지 그가 추천하고 방패막이가 되어준 이순신과 권율만이 있을 뿐이다. 그래야 자신이 살고, 자신이 명나라를 끌어들여 전쟁을 끝낼 수 있었다고 말할 수 있을 테니까.

전쟁에 대비하지 못한 죄가 얼마나 큰 것인가? 일본판 『징비록』의 서문(序文)을 쓴 카이바라 아스노부는 이렇게 쓰고 있다.

"전쟁을 너무 좋아하는 것과 전쟁을 잊는 것 모두를 경계해야 한다. 전쟁을 너무 좋아한 일본은 망했고, 전쟁을 잊어 군사를 키우지 않고 아무런 준비도 하지 않은 조선도 망할 뻔했다."라며 임진왜란의 책임의 한 축을 무능한 정부와 당파 싸움으로 지새운 조선에 두고 있다. 그 한가운데 서서 책임의 가장 중한 부분을 유성룡이 져야 한다고 외치는 소리로 들린다.

임진왜란의 후유증으로 바로 정묘, 병자호란이 이어졌다. 조선이 일본과 마찬가지로 망했다고 한다면 율곡의 십만 양병설을 면박한 유성룡의 죄는 엄청난 것이 되는 것이다.

◎ 1598년 11월 16일 유성룡을 탄핵하는 상소문

사간원이 아뢰었다.

"풍원부원군 유성룡은 간사한 자질에다 간교한 지혜로 명성과 벼슬을 도둑질하여 사람을 해쳐도 사람들이 알지 못하고 세상을 속여도 세상이 깨닫지 못하였으니 이것이 그 평생의 심술입니다. 정권을 잡은 이래로 붕당을 결성하여 국사를 그르치고, 사심을 자행하여 백성을 괴롭힌 죄는 한두 가지가 아닙니다. 정철이 악한 짓을 멋대로 할 때에 우성전과 이성중은 성룡의 심복으로서 간사한 정철에게 붙어서 사대부들에게 피해를 끼쳤으니 지금까지 화가 계속되는 것은 모두 성룡이 남몰래 사주한 것입니다. 성룡은 대신으로서 맨 먼저 화친을 주장하였으며 원망은 위로 돌아가게 하고 이권은 전적으로 자기에게 돌렸으니, 성룡은 어쩌면 그렇게도 자기를 위한 계책에는 성실하고 국가를 위하는 계책에는 성실하지 못하단 말입니까? 삭탈관직시켜 조야의 울분을 조금이나마 쾌하게 하소서."

4

유성룡과
『징비록』 평가의 일면

북부 영남에 가면 공교롭게도 임진왜란과 깊은 연관이 있는 학봉
(鶴峰) 김성일 가(家)와 서애(西厓) 유성룡 집안이 명문가로 상당한 명
성을 누리고 지낸다. 물론 두 사람 모두 퇴계의 문하를 거쳐 조정에
나가 큰 벼슬길에 나갔으니 그럴 만하다고 본다.

유성룡이 지은 『징비록』에 의하면 임진왜란 당시 조선의 참혹한
현상을 다음과 같이 기록하고 있다.

> '굶주림이 만연하고 역병까지 겹쳐, 대부분 죽고 백 명
> 에 한 명꼴로 살아남았다. 부모 자식과 부부가 서로
> 잡아먹을 지경에 이르러, 죽은 사람의 뼈가 잡초처럼
> 드러나 있었다.'

그러나 온 나라와 백성들에게 엄청난 고통을 가져다준 임진왜란
전후에 그들의 행실을 보면 납득이 가지 않는 점이 한둘이 아니다.
잠깐 다른 이야기를 하자면, 나라가 이 지경이었는데, 한 일이라

고는 파당을 만들어 당파 싸움으로 지샜는데도 선조 때 역사적으로 유명한 인재들은 그리 많았는지 납득이 안 간다. '난세에 영웅이 난다'고 전쟁통이라 임금이 무능하니 반대로 신하들이 빛이 나는 것일까?

유성룡은 차치하고도 오성과 한음인 이덕형과 이항복에 오리 이원익까지, 선조와 조회를 함께하던 인물들을 보면 이 쟁쟁한 인물들이 정치를 이끈 시절에 어떻게 나라가 이 지경까지 갔는지 납득이 안 간다. '역시 역사는 붓을 잡은 자들에 의하여 농단 되고 왜곡 되는 것이 아닌가?' 하는 의구심을 떨쳐 낼 수가 없다.

역사는 유성룡을 대단한 인물로 평가하고 있다. 어려서 총명하고, 퇴계 문하에서 김성일과 동문수학을 하고, 소년 시절에 급제하여 관직에 나가 승승장구하였다는 것은 기본이며, 조선의 5대 명재상(宰相)으로까지 꼽는 이도 있을 정도다.

원래 역사는 단점보다는 장점을 선택하여 기록하는 경향이 있다고 생각하기에, 여기에 이의를 달거나 부정을 하고 싶은 생각은 조금도 없다. 하지만 그런 이면에는 다음에 소개하는 다른 평가도 있다는 사실을 알리고 싶다. 다음의 기록으로, 『징비록』 속에 편파적인 인물 묘사와 전쟁 초기 거의 맨손으로 적을 막으며 전사한, 자신의 장수이자 동지인 이 나라의 장군들에게 모욕에 가까운 혹평을 하며 패전의 책임을 전가하는 인품의 일면을 읽을 수 있음을 밝힌다.

『선조실록』 선조 40년 5월 13일 「유성룡 졸기(卒記)」에 의하면 그의 재능과 업적을 칭찬하면서도 "그러나 통이 크지도, 마음이 굳세지도 못하여 이해(利害)가 눈앞에 닥치면 흔들림을 면치 못하였다." 하고, 이어서 "조정에 나간 지 30년 동안 10여 년을 재상으로 지냈으니 임금의 신임을 받은 지 오래지만 직간을 했다는 말은 들을 수 없었고 정사를 전단(專斷)하였으나 나빠진 풍습을 구하지 못하였다."라고 기록하고 있다.

또 기이한 것은 유성룡의 『징비록』을 텍스트 삼아 천하에 다시 없이 신봉하며 『선조수정실록』을 왜곡한 이식(李植)조차 『수정실록』에서도 유성룡의 졸기에 이렇게 쓰고 있다.

물론 그의 출중함과 업적을 한참 나열한 연후에, "국량이 협소하고 지론(持論)이 넓지도 못하여 붕당에 대한 마음을 떨쳐버리지 못하여 조금이라도 용납하지 않았으며 임금이 득실을 거론하면 감히 대항해서 바른대로 고하지 못하여 대신다운 풍모가 없었다."

이런 평가는 선조 31년(1598년) 서애가 탄핵을 받았을 때 "서애가 뇌물을 탐하였다." 하고, "나라에 해를 끼침이 『삼국지』의 동탁과 같다."고 한 인물평에서 연유하는 듯하다. 다른 기록에서도 유성룡은 "시대에 영합하여 권세를 누렸으나 붕당에 몰입하였고 우유부단하며 권력 지향적인 성품인 것으로" 평가하고 있다.

국외의 기록을 보면, 『양조평양록』을 쓴 명나라 제갈 원성은 "간신 류승총(유성룡을 가리킴), 이덕형 등이 국왕에 아부하니 충직한 신하들은 멀어졌다." 하고, 일본의 임진왜란 관련 문헌인 『조선정토시말기』 저자 아사카와 도사이는 1849년 일본에서 간행된 『은봉야사별록』 서문에서 "유성룡, 이덕형은 간신이었다."고 기록하고 있다. 참조할 일이다.

다시 『징비록』으로 가자. 유성룡이 어떠한 마음에서 『징비록』을 썼는지, 지난날의 잘못을 반성하고 후환에 대비하려 한 것인지, 정치적으로 모든 것을 잃은 삭탈관직 후 위기감에서 자신의 공을 내세우려 했는지는 아무도 모른다. 아무튼 『징비록』은 우리나라 국보이고 그 이전에 임진왜란 전사를 전체적인 관점에서 체계적으로 기록한 기록물이다.

17세기 초 『징비록』이 일본으로 전해지고 다시 일본을 거쳐 중국으로 전해지기 전까지는 임진왜란이 국제전으로 파악되지 못하고 각국이 단편적으로 이해를 했던 차에 『징비록』으로 인하여 임진왜란 전체의 파악이 새롭게 되었다는 점에서 큰 의의를 가진다.

예를 들면 일본은 임진왜란을 명과의 전쟁으로 알고 있었으며, 중국에서는 변방 소국(속국)끼리의 싸움을 명이 정리하기 위하여 참여한 정도로 알고 있었으나 『징비록』이 전해지므로 조선이 전쟁 당사국으로, 조선에도 수많은 장수들이 참전하였다는 사실들이 알려지고 전쟁의 전체적인 조명이 가능해졌다.

그런 의미에서는 큰 수확이고, 사료적 가치가 높은 것으로 평가받는 것에 대하여는 인색하고 싶지 않다. 문제는 사론(史論) 등 일부 내용의 진실성이나 의도성 등이 형평을 잃어 많은 문제를 제기하고 있음이다.

정치적으로 실각한 이후 자신의 허탈함을 채우기 위하여, 전쟁을 끝낸 자신의 공을 부각하려 무리를 해가며 특정인을 내세우고 특정인 원균을 모함하고 비하하려는 의도가 너무나 뚜렷하여 『징비록』
은 이순신론에 치우침으로 비판을 면하기 어려움이다.

『선조수정실록』을 편찬하며 『징비록』의 기록을 누구보다 철저히
인용한 이식(李植)조차 "식자들은 자기만을 내세우고 남의 공을 덮
어 버렸다."고 『징비록』을 평하였고, 일본의 임진왜란 관련 문헌인
『조선 정벌기』와 『도요토미 히데요시(豊臣秀吉)』의 저자인 아시카와
도사이는 징비록을 "당시(임진왜란 당시) 중책을 맡고 있으면서(유성룡
을 가리킴) 나라를 그르치고 백성에게 해를 입힌 죄를 스스로 깨달
았기 때문에 거짓을 적어 사람을 속였다."라고 혹평을 하고 있다.

　물론 전쟁 당사국인 일본인의 입장이겠지만, 『징비록』에서 일방적
으로 피해를 본 왜곡된 기록의 후손들이라면 같은 평가로 동감을
표하고 싶은 심정일 게다.

제2부

영웅 원균(元均)의 진실

원균은 이순신이 체포되어 하옥되면서 공석이 된 삼도수군통제사 자리에 1597년 2월 말에 부임한다.

'이몽학의 난' 후에 민심을 수습하라고 전라 병마사로 간 지 6개월 남짓, 이제는 정유재란으로 절치부심하며 전선(戰船)과 무기를 재정비하여 일전을 벼르고 만반의 준비를 마친 일본 수군이 기다리고 있는 조선의 남해가 그가 가야 할 전쟁터인 것이다. 단 한순간의 여유도, 군심을 추스르고 할 아무런 시간도 없는 불타는 바다가 그를 기다리고 있을 뿐이다.

그의 전쟁터는 늘 그러했다. 북방 여진족과의 싸움터나 임진년 경상도 바다도, 이몽학의 반란이 지나간 전라도 땅이나 정유년 가또 기요마사(加藤淸正)를 사로잡으라는 부산 앞바다, 한순간도 놓칠 수 없는 격전의 전쟁터에는 늘 그가 있었다.

그런 원균은 새로 통제사로 부임한 지 4개월 후에 국제 간첩 요시라의 반간계와 당쟁의 회오리 속에서 지휘권도 확립하지 못한 채 칠천량 전투에서 전사를 한다. 그리고 임진왜란 해전 중 유일한 패전이라는 오명을 쓰고, 살아남은 자들의 구실과 변명, 모함과 사기 등 모든 허물을 한 몸에 안고 오늘까지 내려온다. 역사의 왜곡과 당파(黨派)와 문중(門中)과 자기 합리화라는 추잡하고 더러운 필주(筆誅)로 자신의 행적과 의사와는 상관없이 난도질을 당한 것이다.

　이제 그 사실을 주로 정사를 중심으로 한 기록과 근거를 가지고 하나하나 밝혀 원균의 진면목과 임진왜란 당시 그의 활약과 애국 충정을 밝히고자 한다. 다만, 한 가지 양해를 구하고자 하는 사항이 있다.

　이순신은 임진왜란 최고의 영웅임이 틀림없다. 그를 조금이라도 폄훼하거나 부정할 생각은 추호도 없음을 미리 밝힌다. 단지 의도된 것인지 알 수는 없으나, 원균에 대한 기록이나 그 흔한 장계 하나 남아 있지 않아 늘 전쟁터에서 함께 한 이순신의 기록이나 행적을 통하여 원균의 얼굴을 밝힐 수밖에 없음을 널리 양해 부탁드리며, 이 점을 매우 유감으로 생각한다.

　유성룡의 『징비록』에 대해서도 같은 생각이고 그의 높은 명성이나 치적에 대하여 조금도 이의가 없으며 이 책의 가치나 소중함을 모르는 바도 아니다. 다만 피해를 입은 후손으로서 인물 평가에 대한 부분, 특히 원균이 등장하는 임진년 해전을 기준으로 평가하였음을 용서하기 바란다.

1

원균과 이순신에 관련하여 간과된 사실

이를 근거로 하여 글을 쓰고자 한다.

1) 원균을 비겁한 악장(惡將)으로, 이순신을 영웅으로 그린 것은 유성룡의 기획(企劃)이다. 그리고 이를 최초로『징비록』에 기록하였다. 그 이후에『선조수정실록』,『충무공 전서』, 일제강점기 시절 이광수의 소설『이순신』, 박정희 시대 이후 이은상을 비롯한 수많은 소설류, 영화, 드라마 대부분이『징비록』내용을 비판 없이 수용해왔다.

정사인『선조실록』은 사관들이 현장에서 기록한 사초(史草)를 근거로 작성한 데 비하여『징비록』은 개인의 기록물이고,『선조수정실록』또한 사초에 근거 없이 개인 문집, 비문, 잡록 등에 많은 의존을 하여 만들어졌으며 특히 원균과 이순신에 관련하여서는 상당 부분이『징비록』에서 연유하여 기록된 것으로 보인다.

2) 임진왜란이 발발하자 원균이 이순신에게 합세하여 일본 수군

을 막자고 다섯 번이나 요청하였으나, 끝내 거절하고 임금의 명령(諭旨)으로 1592년 5월 6일에서야 옥포 해전에 참여한다. 그리고는 자신의 관할이 아니라 참전을 거부한 그가 전라좌수영의 배후가 된다고 경상우수영 지역인 남해에 양곡창고와 무기고에 불을 지른다. 배후가 걱정이 되면 전쟁터에 나가 함께 싸울 일이지 타 군영에 불을 지르다니….

3) 이순신은 임진왜란이 일어나고 23일 후인 5월 6일까지 자신의 지역이 아니라는 이유만으로 전라도 바다에서 한 발자국도 움직이지 않은 채 불타는 바다를 바라보면서 한양이 함락되고 임금이 평양까지 몽진하는 절체절명의 국난을 일국의 장수로 칼 한번 뽑지 않고 바라만 보고 있었다.

4) 옥포대첩 후 원균이 승전 장계를 두 장수의 공동명의로 올리자 하자, 천천히 올리자 해놓고 밤을 도와 이순신 혼자 승전 장계를 임금에 올려 전공을 독식했다. 이순신의 이 단독 장계가 임진왜란 내내 두 장군 간의 불화의 단초가 되고 전쟁을 어렵게 끌고 가는 시초가 된다.

5) 1593년 1월 벽제관 전투 후 명과 왜는 서로의 필요에 의하여 강화(講和) 교섭을 하게 되고 이때 왜는 한강 이남 4도를 할애할 것을 요청한다. 이 기간 동안(장문포 전투 이후 칠천량 전투까지)

조선 수군은 단 한 차례 전쟁다운 전쟁이 없었다. 이는 곧 이순신이 통제사로 부임한 후에 해당하는데, 임금과 조정은 세자를 보내 전쟁을 할 것을 독려하지만 이순신은 세자도 만나질 않는다.

6) 이 시기를 전후하여 왜는 경상도 남해안에 31개에 달하는 왜성을 총총히 쌓고 장기전에 대비하며 왜의 주력 부대를 진주시켜 요새화함은 물론 남해 해상권을 장악한다. 가토 기요마사는 울산 학성, 고니시 유키나가는 웅천왜성과 순천 왜성을 쌓았다.

7) 이순신은 원균의 아들 원사웅이 "첩의 자식이고 12살의 어린 나이인데 전공을 사취하였다."고 거짓 장계를 올린다. 사웅은 정실의 자식이고, 당시 18세의 장부였다.

8) 이원익 도체찰사가 군관을 시켜 부산 왜영에 불을 지른 것을 마치 자신의 공인 양 허위 장계를 올려 신뢰를 잃었다.

9) 이순신이 파직을 당하고, 하옥된 것은 원균의 모함이 아니고, 옥포 해전과 부산 왜영 방화사건과 관련하여 남의 공을 탐하였고, 7)에서와 같이 모함을 했기 때문이다. 또한 공이 있다 하여 세자의 부름에 응하지 않는 등 교만한 데 이어, 정유재란을 맞아 가토 기요마사를 잡기 위하여 부산으로 출전하라는 명령

을 어긴 죄를 물은 것이다.

10) 노량 해전에서 이순신이 "나의 죽음을 알리지 말라." 한 것은 유성룡이 『징비록』에서 쓴 말이고, 이순신 전사 후 노량 전투는 손문욱(孫文彧)이 지휘하여 승리로 이끌었다. 조카 이완의 공으로 기록한 것은 이식이 『징비록』의 기록을 보고 『선조수정실록』에서 도둑질한 것이다. 『선조실록』 31년 12월 18일 권율의 장계와 그후 군공청(軍功廳) 장계를 참조하면 알 수 있다.

11) 『난중일기』는 임진왜란 전체의 일기가 전해지지 않는다. 7년 전쟁이면 2천4백일이 넘는 분량인데 실제 일기는 1/4 정도인 655일 남짓 남아 있다. 논란의 핵심인 옥포 해전 부분, 자신의 파직과 하옥 부분은 전혀 기록이 없다. 불리한 기록은 후에라도 누군가 없애지 않았나? 의심은 가지만 확인할 길이 없다.

12) 원균 없이 이순신이 단독으로 치른 큰 전투는 명량 해전뿐이다. 노량 해전은 중국 병선 400척이 참여했다.

13) 원균이 충청병마사로 간 이후 2년여 동안 거의 전투다운 전투는 없었다.

2

두 사람의 가정과
성장 과정

　원균과 이순신, 두 사람의 갈등 원인을 본격적으로 알아보기에
앞서 그들의 가정, 성장 배경, 관직 등을 살펴보기로 하자.

　이순신의 본관은 덕수(德水)이고 고려 때 중랑장을 지낸 이돈수(李
敦守)의 후손으로 서울 건천동에서 태어났으며, 조부 이백록이 종8
품 평시서 봉사직을 지냈을 뿐, 아버지 이정은 벼슬 기록이 없는 가
정이었다. 외가가 있는 충청도 아산으로 이사하여 자란 몰락한 집
안 출신이라 할 수 있다.

　원균은 본관이 원주(原州)이고 지금의 평택 동북쪽인 진위현에서
태어났으며 고려 개국공신으로 병부령을 지낸 원극유(元克猷)의 후
손이다. 아버지 원준량은 홍문관 교리를 거쳐 종2품 병마절도사를
지낸 전통 무인 집안의 명문가 출신이다.

　이순신이 무과에 응시하여 낙마하는 등 우여곡절 끝에 선조 9년
(1576년)에 32세 나이로 늦게 병과에 급제한 데 비하여 원균은 선조
원년(1567년)에 무과 을과에 차석으로 급제를 하였다. 여기서 을과,
병과는 과거 급제자의 성적을 가리키는 말이다. 무과 을과 합격자
는 종8품, 병과 합격자는 종9품부터 시작하였으니 이순신의 성적은

겨우 합격한 수준이다. 무과 급제로 보면 9년이나 앞서 등과를 했고 나이로 보더라도 원균이 다섯 살 위이다.

관직을 대비해도 이순신은 종6품 정읍 현감에서 정3품 전라 좌수사로 7단계나 벼락출세를 한 데 비하여 원균은 이일과 함께 1583년(선조 17년)에 여진족 이탕개(泥湯介) 부락을 토벌하는 등 북방에서 공을 세워 종3품 부령부사 등을 거쳐 경상우수사에 오르는 등 정상적인 무관의 길을 밟아 수사에 이른다. 이순신의 이런 벼락출세의 배경에는 당시 집권 세력인 동인의 거두이며 후에 『징비록』을 집필한 서애 유성룡이 있었음을 밝혀둔다.

이상에서 보는 바와 같이 원균과 이순신은 모든 면에서 대비가 될 정도였다. 이런 배경이 임진왜란 초기에 원균에 대한 이순신의 열등의식이 어떤 방향으로 작용하였으며 그 후 두 사람 사이가 벌어지는 결과에 어떻게 영향을 주었는지, 또 당시에 치열했던 동인(후에 남인과 북인)과 서인의 당파 싸움과 서애 유성룡의 그릇된 인사 등에 대하여 심리학적, 인사론적 접근이 필요할 것이다.

이순신에게는 두 부인과 첩이 있었다. 첫 부인 상주 방(房: 방진의 딸)씨와 후처 해주 오(吳)씨가 있고 부안 댁 윤(윤연(尹連)의 누이)씨가 첩으로 서자까지 여럿이 있다.

그 외 이순신 스스로가 기록한 난중일기에 보더라도 여인으로 추정되는 이름이 여럿 등장한다. 최녀 귀지(崔女 貴之), 여진(女眞), 래산월(萊山月) 등이 그들이다.

이에 비하면 원균은 정실 파평 윤(尹)씨로부터 1남 5녀를 두었을 뿐이다.

그런데도 난중일기나 징비록에서는 원균이 호색(好色)한 것으로 표현하고 있음은 아무런 근거가 없다. 영웅호색이라고 큰 흠이 될 리는 없지만 근거 없는 비방으로 인용함이 유감스러울 뿐이다. 스님의 눈에는 부처만 보이고 돼지 눈에는 돼지만 보여서일까….

후손에 대해서도 이순신은 정실에서 삼 형제와 딸, 서자로 아들 형제와 딸들을 두었다. 막내 면은 난 중에 전사하였으나 두 아들은 현감과 정랑이 되었고 서자 둘도 무과에 올랐다.

원균의 외아들 원사웅도 임진왜란에 참전하여 치열하게 싸웠으며, 그의 형제인 둘째 원연은 의병장으로 전사하였으며, 셋째 원전도 원균 휘하에서 고성 현감으로 전사를 하였다. 조카 원사립도 진주 목사, 김해 부사로 왜군과 싸우는 등 온 집안이 동원되어 적과 싸웠으며 전쟁터에서 산화하여 멸문 지경이 되었음을 아울러 밝힌다.

아울러 첨가한다면 임진왜란의 세 주역, 원균, 이순신, 유성룡이 어려서 한동네에서 자랐다는 사실이다. 참으로 기이한 인연이다. 허균의 문집 성소부부고(惺所覆瓿藁)에 보면 한양에 건천동, 지금의 중구 인현동 명보극장 근처에서 같이 살았다고 한다.

흔치 않은 인연으로 원균이 제일 나이가 위이고 유성룡이 2살 아래, 이순신이 5살 밑이니 어릴 때로 보아서는 이순신과 원균과는 나이 차가 나서 같이는 어울리지 못하였겠으나 형의 친구였던 원균과 한동네에서 자란 인연이 각별한데도 어쩌면 한쪽으로만 편이 갈렸는지 아쉬움이 남는다.

3

옥포 해전과
몰래 올린 단독 장계

옥포 해전

공식적인 임진왜란 최초의 전투는 1592년(선조 25년) 5월 7일에 옥포 해전으로 기록되어 있다.

이순신은 일본군이 침입한 지 무려 23일이나 지나, 원균의 참전 요청을 다섯 번이나 거절한 뒤 임금의 명령인 유지(諭旨)를 받고서야 겨우 배를 이끌고 거제도로 참전을 한다.

임진왜란이 일어나자 원균은 조정에 파발을 띄우고 율포 권관(權管)이 영남을 전라좌수사 이순신에게 보내 수차례 참전[1]을 권했지만, 이순신은 자신의 관할이 아니라는 이유만으로 참전을 거부하다 조정의 선전관을 통하여 임금의 명령을 받고서야 거병을 한다.

그가 거제도에 도착한 것이 5월 6일이다. 한양이 적에 수중에 떨어지고 임금은 피난을 떠나 평양성에 도착한 시간이다. 원균은 이순신을 맞아 작전 계획을 세운 다음, 이튿날에는 관할 수사로서 스스로 선봉에 섰다. 옥포 만호 이운용과 영등포 만호 우 치적을 앞

---

1) 많은 기록에는 원병이라 하지만 맞지 않음.

세우고 그는 중앙에 서서 물길을 헤쳐나가 옥포 전 양에서 적선 30여 척을 발견하고는 적의 장선(將船)이 있는 중앙을 향하여 북을 높이 울리며 돌격해 들어갔다.

경상우수영 함대는 불과 8~9척에 불과하였지만 지금까지 경험으로 터득한 당파 작전으로 닥치는 대로 적선을 깨뜨려 버렸다. 중앙이 무너지자 적장이 탄 배까지 노획하고, 적장 우시축전수(羽柴築前守)의 목을 베었다. 아울러 금부채와 금병풍 등 노획물까지 수거했다. 적의 중앙이 무너지자, 이순신의 함대까지 승세를 타고 가세하여 적선을 당파 분멸하니 대승이었다.

옥포 해전은 임진왜란 중, 공식 기록된 최초의 해전이며 파죽지세로 밀고 오는 일본군을 상대로 한 대규모 전투에서 모처럼 얻은 승리로서 해전사에 큰 의의가 있는 전투다.

그날의 전과가 『선조실록』에는 50척, 『선조수정실록』은 30척, 「옥포파왜병장」에는 26척이라 기록된 것은 그날 오후에 있었던 함포, 다음날 적진포 해전까지의 합산 여부에 인한 차이다.

그날의 해전을 『선조실록』과 『선조수정실록』에서는 다음과 같이 동일하게 전하고 있다. 선전관 민 종신이 임금에 답하기를, "남방에서 원균이 적선 30여 척을 공파(攻破)하였습니다."라고 보고하고[2], 『선조수정실록』에도 "이순신이 원병을 내어 거제 앞바다에서 원균과 만났다. 원균은 그의 휘하 장령인 이운용과 우치적을 선봉으로 삼았다. 옥포에 이르러 적선 30척이 있는지라 진격하여 크게 무찌르니 남은

---

2) 『선조실록』 선조 25년 5월 10일 조.

적이 뭍에 올라 달아났다. 적선을 남김없이 불태우고 돌아왔다.[3]

이때까지만 하여도 그 누가 보아도 초기 해전인 옥포 해전의 승장은 원균이 분명하다. 또 그 후 선무공신을 논의하던 선조 36년 4월 21일 조『선조실록』에도 그해전(옥포 해전)의 작전 계획을 세우고 선봉에 서서 적을 무찌른 것은 원균이었다고 기록하고 있다.

이식이 왜곡한『선조수정실록』선조 25년 6월 조에도 "원균이 이순신에게 원병을 청하여 적을 패하게 하였다."고 적고 있어 임진왜란 초기 해전의 주장은 분명히 원균임을 입증하고 있음이 분명하다.

또 우리가 상식적으로 생각해 보아도 해전이 벌어진 옥포는 경상우수영이 있는 거제도이며 원균이 관할 수역의 주장(主將)이고, 이순신은 객장으로 도움을 주었음이 타당할 것이며 그동안 이미 해전을 경험한 경상우수영 수군이 선봉에 서서 전과를 세웠음은 너무나 당연한 일일 것이다. 겨우 하루 전에 도착한 전라좌수영 장령들이 지리나 물길을 알아서 싸움을 주도할 수는 없는 일일 것이다.

이순신 혼자 올린 승전 장계(狀啓)

5월 8일 적진포 해전에서 적선 13척을 물리치고 연승을 거두자 원균이 "누구의 공이 되었든 함께 싸워 이겼으니 승전 장계를 연명으로 올립시다."고 제의를 하자, 이순신은 아직 적을 다 섬멸치 못하였고 작은 전과를 가지고 행조(파천 중인 조정)에 알릴 필요가 없다며 다

---

3) 『선조수정실록』선조 25년 5월 조.

음에 장계를 의논하자고 하여 원균은 그의 뜻을 따르기로 하였다.

그러나 문제는 여기서 벌어진다. 어쩌면 임진왜란의 최대의 미스터리이고 불행의 화근이 되는 사건으로 전란 내내 온 조정과 당파 싸움은 물론 수군의 파벌로까지 번져 급기야는 칠천량 패전의 단초를 제공하는 사건이 벌어진다.

이순신은 원균과의 약속을 저버리고 밤을 도와 은밀히 장계를 만들어 행조에 보낸 것이다. 원균이 노획한 것으로 알려진 금부채, 금병풍 등도 함께 보내졌으며 경상우수영 장령들은 적선 5척만을 분멸한 것으로 짧게 기록하였을 뿐, 대부분의 전공은 스스로의 것인 양 과장되게 기록하고 전라좌수영의 장졸들의 전과로 장황하게 나열되어 있었다.

이 단독 장계로 인하여 임진왜란 내내 원균과 이순신은 불신으로 반목과 대립을 하게 되며, 뿐만 아니라 조정에서는 조정대로 당파 싸움으로 논란이 끊이지 않았으며 수하 장졸들도 논공의 공정성을 두고 양 세력 간의 대립과 불화가 그치지 않아 전력을 약화시키는 악의 씨앗이 되었다.

결과론적이지만 이 단독 장계가 우리 역사상 가장 위대한 수군 장수 원균과 이순신을 반목, 대립하게 하여 차례로 해상에서 전몰하게 만든 도화선이 되었다고 볼 수도 있겠다.

이순신이 약속을 지키지 않고 혼자 장계를 올림으로써 두 사람의 사이가 벌어지고 문제가 생긴 것은 다음의 『선조실록』과 수정 실록에서도 증명이 된다.

"원균이 크게 상심하여 그 후부터는 서로 협조치 않았다."[4]

그때 원균은 연명으로 장계를 올리고자 하니, 순신이 가로되 "서서히 하자." 하여 놓고 밤을 타서 스스로 장계를 보내면서 원균이 실군(失軍)하였을 뿐 아니라, 공로가 없다고 보고하므로 원균이 이를 듣고 크게 유감으로 여겼다. 이로부터 서로 따로 장계를 올렸을 뿐 아니라 반목하게 되었다.[5]

이순신을 미화하기 그지없는 덕수 이씨 문벌 이식이 쓴 『선조수정실록』에서조차 이렇게 기록하고 있다면 이순신의 배신은 사실이고 누가 가해자인지는 분명해진 것이다. 오늘날 성웅으로까지 추앙받는 이순신의 행동으로 보기에는 도무지 이해가 안 가는 처사이며 무엇이 그리 급하여 배신까지 하며 거짓 장계를 만들어 보냈는지 우리 역사상 가장 미스터리한 사건이라 하지 않을 수 없다. 한참 후인 7월 중순경에야 이에 대한 전말을 알게 된 원균도 실망과 분노로 장계를 올리게 되면서 이후부터는 각자 임금에게 장계를 올리게 된다.

참고로 비변사의 계를 소개한다.

"경상도의 원균이 첩보를 올렸습니다. 그 내용은 지난 번 이순신이 올린 한산도(옥포) 장계와 같은 해전의 것입니다."[6]

---

4) 『선조실록』 선조 36년 4월 26일 조.
5) 『선조수정실록』 선조 25년 6월 조.
6) 『선조실록』 선조 25년 8월 24일 조.

여기서 참고할 것은 임금이 1592년 4월 27일(선조 25년) 선전관 조명(趙銘) 통하여 원균을 도와 참전하라는 유지와 이순신이 약속을 어기고 밤을 도와 혼자 만든 옥포대첩 장계를 옮긴다.

임금이 이순신에 내린 참전 유지(諭旨)는 다음과 같다.

"이제 경상우수사 원균의 장계를 보니, 그가 각 포의 주사(舟師, 수군)를 거느리고 바다에 내려가 싸움을 벌여 적을 암격고자 작전 계획을 세웠다 하니 이는 일대 기회인지라 불가불 뒤를 밀어주어야 할 것이다. 그러하니 그대는 원균과 더불어 합세하여 적선을 공파하면 적을 평정할 수 있을 것이다. 그러므로 이에 선전관을 파견하여 유지를 내리노니, 그대는 휘하 각 관포의 병선을 독촉하여 급히 나아가 기회를 잃지 말 것이다. 그러나 이는 천 리 밖의 일인지라 혹 뜻밖의 일이 생길 수도 있으니 그때는 때에 맞도록 처리하라."[7]

이순신의 옥포 해전 단독 장계 내용은 다음과 같다. 장황한 내용을 다 옮기지 않고 주요한 사항을 구분하여 요약한다.

⑴ 5월 5일과 6일 경상우수영 장령들이 6척의 전선을 타고 왔다.
⑵ 송미포에서 밤을 지내고 7일 새벽 적선이 머무르고 있는 천성 가덕도로 향하다 정오쯤 옥포 전양에 왜선 30척을 발견했다.

---

7) 『임진장초』 기록 참고.

(3) 적도들이 포구에 들어가 분탕질을 치다 우리 수군을 보고 허둥지둥 배를 타고 기슭으로 나왔다. 우리 수군이 들이치니 적은 패주하여 바위 언덕으로 달아났다. 우리 수군은 적선을 모두 당파 분열하였다.

(4) 옥포 전투에서 이순신의 전라좌수영 부하들을 차례로 거론하고 적선 당파(26척 당파 분열)와 백성의 생명을 구한 내용을 장황하게 나열한다.

(5) 오후에 합포 해전에 5척의 적선 발견 전공을 나열한다. 모두 전라좌수영 소속이다.

(6) 다음 날인 8일 적진포에서 적선 13척을 발견하고 이를 추적한 전라좌수영 소속 장령의 전과를 나열한다. 모두 전라좌수영 소속이다.

(7) 우수사 원균은 단 3척의 전선을 거느리고 와서 신의 여러 장수들이 사로잡은 왜선에 대하여 활을 쏘면서 이를 빼앗으려 하였기 때문에 2명이 상처를 입게 되었으니 수사로서 그는 부하들을 단속도 못 한 것이다.

이 장계의 내용을 보면서 지금까지 우리가 알고 있던 이순신과는 너무나 다른 모습에 충격을 금할 수가 없다. 모든 전공은 자신들이 이루었다는 내용은 그만두더라도, 어떻게 같은 수사이며, 전쟁터에서 목숨을 건 동지로서 원균을 저리도 무참하게 비하할 수가 있을까?

설령 사실이 그렇다 하더라도 너무나 점잖지 못하고 수준 이하의 표현에 놀람을 금할 수 없다. 이런 종류의 글은 『난중일기』 곳곳에도 나타나 여러 차례 그의 인격을 의심하게 한다. 또한 사족일지 모르지만 원균의 공을 축소하려는 의도였는지 한 장계에서조차 1)에서는 장령들과 6척이 모였다 해놓고는 7)에서는 단 3척이라 하는 것은 앞뒤가 너무 안 맞는 것으로 모순임을 지적해 본다.

4

칠천량 패전과
원균의 전사(戰死)

전황(戰況)

정유재란을 맞아 조선 조정은 큰 혼란에 빠진다. 가토 기요마사
(加藤淸正)를 잡을 수 있다는 요시라 반간계(反間計)에 속아 이순신에
게 독전을 하지만 이를 의심한 이순신이 응하지 않자, 적을 쫓아 치
지 않았다는 죄 등 네 가지 죄목으로 그를 하옥하고 전쟁을 앞두고
장수를 바꾼다. 그야말로 적전분열(敵前分裂)의 현상이다.

그해 2월 말에 원균이 수군통제사 자리에 부임을 한다. 선조 30년,
정유 7월 16일에 원균은 임진왜란 해전사(海戰史)에서 유일한 패전이
라는 오명을 남기고 칠천량 해전에서 전사한다. 최후의 모습에 대하
여 여러 억측들이 있는데, 고성군 추원포(秋原浦)로 상륙하여 전사하
였다느니 칠천량 지휘부에서 잠을 자다 죽었다느니 정확지가 않고
그의 시신은 아직도 찾지 못하고 빈 무덤만 전할 뿐이다.

또 패전에 대한 책임을 두고도 여러 논란이 많은데 조선 수군의
두려움을 고민한 일본의 고니시 유키나가(小西行長)가 보낸 요시라의
간계(奸計)에 무능하고 성급한 조선 조정이 놀아난 결과라는 것이

식견 있는 학자들의 주된 견해다.

원균은 수군통제사로서 현장에서 직접 전투를 지휘한 사령관으로 제일 큰 책임을 지고 있음은 당연한 것이다. 변명이나 이론의 여지가 전혀 없다. 다만 당시 조선 조정의 상황과 정유재란을 통하여 수군을 재정비하여 조선을 재침한 일본의 의도를 정확히 파악할 필요가 있다. 임진왜란으로 명(明)의 원병을 불러들인 이후 명과 일본의 주도하에 2년여가 넘도록 강화조약을 이유로 전쟁다운 전쟁 없이 세월이 지났다.

그동안 조선은 명에 의존하고 눈치를 보느라 허송세월한 반면 일본은 장기전에 철저히 대비하여 부산 경남 지역 수십 처에 왜성(倭城)을 구축하고 둔전을 통하여 양식을 자급하는 등 준비하고, 열세한 해전에 대비하여 임란 초 허약한 삼나무 배를 무겁고 튼튼한 대형 전선으로 새롭게 건조하고 조선 수군에 대항할 새로운 전술로 야간 기습작전으로 무장을 하여 재침해 온 것이다.

일본이 재침해 온다는 정보에 당황하는 조선 조정을 교란할 목적으로 고니시 유키나가(小西行長)는 요시라를 경상병마사 김응서에게 보내 왜장 가토 기요마사의 행로를 알려주며, 그를 제거하면 전쟁은 끝난다며 조선을 혼란에 빠뜨린다. 이것이 바로 '이중간첩 요시라 간교 사건'인 것이다.

엄격히 말하면 임란 초 일본의 해군력은 별것 아니었는지도 모른다. 일본에는 병선이라기보다 왜군을 싣고 온 수송선이 주를 이루어 싸움다운 싸움도 못 하고 원균의 당파 작전에 희생당하면서 경상도 바다를 벗어나지 못하고 무수한 해전에서 패했다고 보아야 할 것이다. 이에 일본은 절치부심하며 강화 교섭 기간 동안 일본에 돌아가 튼튼하고 힘 좋은, 전투를 목적으로 하는 병선(兵船)을 만들어온 것이다.

요시라 간교에 빠진 조정은 어떻게든 가토 기요마사를 제거하여 전쟁을 끝내고 싶었다. 일본으로부터 침략하는 수군을 부산 앞바다에서 차단하여 가토 기요마사를 잡아야 한다는 조정의 명령이었다. 그래서 전쟁을 끝내라는 것이다.

하지만 현장의 사정은 달랐다. 섬 사이 물길의 완급을 이용한 국지전과 진퇴의 용이함을 주로 하는 지리전(地利戰)을 무시하고 망망대해이고 물살 세기로 유명한 현해탄을 앞에 두고 해로 차단 전을 강요하는 것은 죽으라는 것과 다름없는 명령인 것이다.

이순신도 요시라의 간계를 의심하고 이 전쟁의 무모함에 거부하다 왕명을 어긴 죄로 파직을 당해 하옥되고, 원균이 이순신 뒤를 이어 이 전쟁을 수행하게 된다. 그러나 전장에서 일생을 보낸 두 장수 눈엔 똑같이 도저히 승산이 없는 싸움이었다. 그래서 대안으로 내놓은 것이 수륙병진책(水陸並進策)이다. 즉, 왜적이 오랫동안 남해 인근에 성을 쌓고 주둔하여 수군의 왕래가 어려우니 육군을 동원하여 안골포와 가덕도 등 왜적의 배후를 치고 교란하는 동안 수군이 나가 가토를 치겠다는 전략이다.

참으로 기가 막힌 것은 이때 우리 육군은 그럴 만한 병력이 없었고, 명(明)은 피해를 최소화하며 전쟁에서 발을 빼고 싶은 시기였다는 것이다.

조선 조정과 원균의 통제영 사이에서는 수륙병진책과 해로차단전을 놓고 무수한 논란이 인다. 급기야는 권율이 원균을 불러 곤장을 치며 독전한다. 원균은 자기가 죽을 자리임을 알고도 출전한다. 수많은 날을 조정으로부터 독전을 받으며 해로차단책과 수륙병진책을 놓고 고뇌했을 것이다. 이런 장수를 두고 운주당에 첩실을 들이고 술로 날을 보내 얼굴을 볼 수 없었다며 전쟁을 앞둔 일국의 수군 총수를 모욕하는 글을 『징비록』 등에 남긴 당시의 정승, 장수 등의 인격이 크게 실망스럽다.

또 하나 원균에게 불리한 것이 있었다. 이순신의 독자 전(戰) 수행과 오만에 질린 조정이 비변사를 통하여 수군의 지휘와 보고를 도체찰사와 도원수에게 하도록 해[8] 도원수와 통제사는 상하관계로 변하고 그동안 수군의 자부심은 한없이 망가졌다.

원균이 부산 앞바다 절영도(지금의 영도)에 나가 왜선 600여 척과 조우를 하니 우리 수군 160여 척에 비하면 엄청난 차이다. 거센 파도를 노군(격군)에 의존하는 당시로서는 또 하나의 큰 부담이 아닐 수 없었다.

조선 수군의 해로차단 작전은 몇 차례 교대공격 형태로 부산포 앞바다로 진격하여 피차간 손실을 보기도 하였으나, 정유년 7월 14일 원균은 선조가 보낸 선전관 김식과 함께 대장선에 올라 전 함대를 몰고 출정한다. 하룻밤을 칠천량에서 보내고 절영도에 도착하여 적을 찾았지만 판옥선을 보자 도주하여 모두 항구에서 움직이질 않았다.

일본군의 달라진 전략이었을까. 그들은 잘 축조된 왜성을 근거로 서로 정보를 교환하고 조선 수군을 지치게 하기 위하여 접근과 갑

---

8) 『선조실록』 30년 6월 10일 참조.

작스러운 피함으로 지연 전술을 쓰고 있었다.

그런데 날씨마저 원균을 도와주지 않는지 갑자기 거센 풍랑이 큰 파도를 몰고 왔다. 부산 앞바다의 현해탄으로부터 불어오는 거친 물살은 지금까지도 익히 알려진 사실이다. 엄청나게 큰 파도는 조선 수군의 진용을 무너뜨리고 지휘통제력이 흐트러진 수군은 가덕도 방향으로 철수하였다.

가덕도에서 전열을 가다듬고 물 등을 보충하려다 일본 수군의 기습을 받고는 거제로 피하여 영등포로 향하였지만, 우려했던 대로 왜성 등에서 몰려나온 수많은 왜군이 이미 거제 지역을 장악한 뒤였다. 원균이 묘박[9]을 하고 하룻밤을 보내기 위해 선택한 곳이 거제도와 칠전도 사이의 좁은 해로, 칠천량이었다. 이곳이 원균의 최후를 부른 통한의 패착이 될 줄이야.

야음을 이용한 일본군의 기습과 거제 지역 여러 왜성에서 몰려나온 수많은 왜병과 다음날까지 이어진 전투에서 지친 조선군은 너무나 허무하게 무너져 사방으로 뿔뿔이 흩어져 괴멸하고 만다. 좁은 해역은 야습하기 좋아 접근전에 능한 일본군에 유리하였고, 화포를 앞세운 조선 수군의 장점은 위력을 보이지 못하였다.

이 해전에서 원균의 장수선은 고성 추원포로 피하여 그곳에서 최후를 맞는다. 이를 두고도 이야기가 남는다. 경상우수사 배설이 12척의 전선을 이끌고 한산도로 피할 수 있도록 퇴로를 열어 주기 위하였다고도 하고(훗날 이순신이 명량 해전에 활용한 바로 그 전선) 원균의 아우 원전(元㙉)이 고성현령으로 있어 후일을 도모하기 위함이라고도

---

9) 쇠사슬을 내려 항구에서 떨어진 해상에서 정박하는 것.

하지만 확인할 길이 없다.

여기서 우리가 냉철하게 분석해 볼 필요가 있다.

원균과 이순신이 왜 자신의 안위를 걸면서까지 수륙병진을 주장했는가를, 명과 일본이 강화협상을 하는 동안 조선은 명의 눈치만 보며 허송세월했지만 일본은 본국으로 돌아가 배를 강하게 만들고 화력을 보완하는 한편 조선 남쪽 바다를 끼고 울산서부터 순천까지 해안을 중심으로 31개의 왜성을 구축하고 둔전을 경작하면서 장기전에 대비를 충실히 하였다.

| 임진, **정유란의 최후 격전지 순천왜성**: 조명 연합군과 일본이 고니시 유키나가의 퇴로를 막고 격전을 벌이지만, 명이 의아하게 퇴로를 열어 주어 고니시는 무사히 일본으로 철수할 수 있었다.

일본은 바닷가에 구축한 왜성을 중심으로 한 점령지에서 조선 수군의 이동을 손바닥 보듯 파악할 수 있었으니 안골포와 가덕도 등에 왜군을 두고 부산을 치라는 권율의 명령은 배후에 적을 두고 사지로 들어가라는 명령과 같은 것이다. 그래서 육지의 일본군을 조

선 육군이 최소한 교란이나 견제를 해야 적의 본거지인 부산을 공격할 수 있다는 논리인 것이다.

그렇다면 과연 칠천량 패전은 원균만의 책임인가? 권율의 곤장(棍杖)이 원균을 죽인 것이다. 아니 그의 무모한 독전이 조선 수군을 바닷속에 쓸어 넣었다고 보아야 한다. 그보다 더한 것은 이중간첩 요시라의 간계에 놀아난 조선의 무능한 조정과 임금이 원균도 죽이고 이순신도 죽인 것이라 보아야 한다.

패자는 말이 없다! 하지만 우리가 다시 냉철히 분석한다면, 임진왜란 중 칠천량 해전과 명량 해전을 제외하고는 그 어떤 해전도 아군의 병선과 일본군의 병선 규모가 그리 차이가 없었다. 즉 피아간에 병선 규모, 전투력 차이가 별반 없는 싸움이었지만 칠천량 전투에서는 우리 수군의 병선은 100여 척인 데 비하여 일본군은 600척이 넘었다. 그것도 일본에 돌아가 새로 건조한, 요즘 표현대로라면 최신예 함대인 것이다.[10]

변명을 하는 것은 아니지만, 지리적 악조건하에서 그것도 조정의 어처구니없는 독전 상황에서 떨어질 대로 떨어진 사기로는 이미 전투의 결과가 명약관화했다고 보아야 할 것이다.

많은 기록들은, 특히 『징비록』과 『선조수정실록』에서는 원균이 마치 꽁무니를 빼듯 패주하여 도망치듯 표현하고 있지만 일국의 장수를 그렇게 매도해도 되느냐 되묻고 싶다. 그것도 준비도 없이 허송세월하며 탁상에서 붓이나 놀리던 자들이. 원균의 잘못이나 허물도 많았으리라 보지만, 원균을 비롯하여 이억기, 최호 등 수사(水使)급

---

10) 연도별 해전 현황 참조.

이상의 조선 수군 장수들이 목숨을 바쳐 싸운 전투이며, 그들은 엄청난 열세의 병력으로 최선을 다했는지 모른다.

바다를 끝까지 사수한 진정한 영웅들의 전투를 마치 패주(敗走)한 양 형편없이 묘사하는 것은 그들에 대한 예의가 아니다. 물론 후에 명량 해전의 경우도 이순신은 13척의 배로 십수 배나 많은 일본 함선을 격파하여 믿기지 않는 크나큰 승리를 거두었지만 칠천량 해전에서 우리 수군은 4~5배에 가까운 일본 함대를 상대로 싸웠다. 그들의 전투를 막연히 임진왜란 유일의 패전이라고만 매도하기에 앞서 준비를 게을리한 조정의 책임 등을 종합적으로 감안하여 평가해야 할 것이며 일방적인 패주보다는 최선을 다한 용전분투(勇戰奮鬪)로 기록되어야 할 것이다.

적(敵)과 상대의 전력 분석도 없이 곤장을 쳐서 사지(死地)로 내몬 전쟁이 지구상에 또 있을까? 전쟁이 아니라 코미디 수준이다. 또 앞에서 밝혔듯이 이미 지휘 체계를 변경하여 현장에서 전투를 지휘하는 것이 아니라 비변사를 중심으로 조정이 전투에 간여를 하고 도원수 휘하에 통제사를 상하관계로 설정하고 곤장까지 치며 독전을 하였다면 권율이 직접적인 패전 책임을 져야 한다.

이는 그 후 칠천량 패전의 책임을 권율에게 물어야 한다는 사간들의 빗발치는 상소로서도 입증이 되는 바이다. 어쩌면 이순신의 자리에 원균이 전라 좌병마사 자리를 내놓고 와서 패전의 멍에까지 짊어지고 죽었는지도 모를 일이다. 아직도 남해의 푸른 바다를 맴돌고 있을 임진왜란의 영웅 원균 장군의 영전에 고개 숙여 명복을 빈다.

| 칠천량 전투가 벌어진 곳으로 추정되는 해협. 지금은 거제도와 칠천도를 잇는 칠천교
가 놓여 있다.

참고로 칠천량 전투를 두고 명나라의 임진왜란 기록인『양조 평
양록』에서는 이렇게 전한다.

"원균이 명군과 논의하여 일본군을 협공할 계획을 하고 있었는데
김응서가 나름대로 전쟁을 종식시키려고 일본군과 요시라를 통하
여 교섭하는 중에 무심코 이 계획을 말해버리는 바람에 일본군이
한산도(칠천량)를 기습했고 원균이 전사했다." 하여 조선에서 원균의
패전을 비판하는 인식하고는 조금 결이 다르다.[11]

숨 가쁘게 돌아갔던 정유년 재침 이후 조선의 전쟁터, 이중간첩
요시라의 반간계 사건, 이순신의 하옥, 권율의 곤장에 내몰린 원균

---

11) 류성룡, 김시덕 역,『교감 해설 징비록』, 아카넷, 2013.

의 출정, 야간 기습에 무너진 칠천량 패전… 사백 년이 훨씬 지난 지금도 무언가 풀리지 않는 의혹과 미스터리로 개운치가 않다.

벌집 같은 왜성(倭城)을 뚫고

임진왜란 전투는 선조 26년(1593년) 1월 27일 벽제관 전투를 기점으로 크게 변화를 맞는다. 1592년 12월 명나라가 참전한 지 두 달 남짓 명은 왜(倭)를 얕보고 밀어붙이다 벽제관에서 불의의 일격을 맞고 전의를 상실한 채 개성을 거쳐 평양으로 퇴각을 한다.

일본군 역시 따뜻한 규슈 중심의 군사들로서는 겪어보지 못한 추위에 힘들어했고 한양에 집결시킨 병력을 점검해보니 반 이상의 손실을 확인하고는 더 이상 전투를 지속하기 어렵다는 판단을 하기에 이른다. 거기다 행주산성 전투 등 한양 인근 전투에서 패배를 하므로, 1593년 2월 한양 철수를 결심하고 남하를 시작한다.

이후 양국은 실리를 쫓아 전쟁보다는 화해를 모색을 하게 되고, 이때 일본은 한강 이남의 4도를 일본에 귀속시킬 것을 조건으로 강화 회담을 계속한다. 동시에 남으로 내려온 왜군은 장기전에 대비를 한다.

최소 수비 병력을 제외하고 지친 병사들을 일본으로 보내고 자급을 위하여 둔전을 경작하므로 병력과 보급을 줄인다. 침략 거점인 부산 본영을 보호하고 부산 쪽으로 조선 수군의 진로를 차단하기 위하고 경상 남해 내해 요소요소에 왜성(倭城)을 쌓아 철저히 대비를 한다.

왜성 쌓기는 1593년 5월 경상도 서생포를 시작으로 임진왜란 동안은 물론 정유재란 이후까지도 계속 거점을 늘려 한때 31개에 이르렀다. 왜성의 역할은 군사의 주둔과 보급품의 조달·저장은 물론 바다에 움직이는 조선 수군의 동향을 탐지하는 것이었다.

이때 고니시는 웅천과 순천 왜성에서, 가토는 울산 왜성에서 웅거하였다. 이와 같이 왜성은 적의 주력 부대가 주둔하며 강화 교섭의 결과를 지켜보고 한강 이남의 4개 도를 할애받아 조선 경영을 준비했던 왜의 핵심 군영지인 것이다.

왜성의 분포는 별첨하는 지도에서 보듯이 울산에서 순천에 이르기까지 지금까지 조선 수군이 승전을 했다는 남해의 그 바다에 총총하게 퍼져 있다. 거제도에만 5곳, 가덕도, 절영도는 물론 왜의 수군이 얼씬도 못 하였다는 웅천, 안골포, 고성, 남해까지 지금의 진해만을 끼고 양쪽으로 빼곡하다.

그중에 웅천왜성(진해 남문동 남산 소재)은 적장 고니시 유키나가가 그의 사위 소 요시토시와 함께 장기 주둔하며 지휘본부로 사용하고 명과 강화 교섭을 가진 장소로 임진왜란 당시 적의 핵심 지휘부로 이용된 장소이다.

여기서 여러 의문이 든다. 조선은 강화교섭을 하는 동안 무엇을 했는가? 이순신은 3년에 가까운 이 기간 동안 왜 해상 전투가 거의 없었는가? 남해에 제해권을 장악했다는 것은 사실인가? 그렇다면 일본군이 바다와 인접한 31곳에 왜성을 쌓고 군사를 주둔시키고 보급로로 이용하도록 방치를 했는지 이해를 할 수가 없다.

물론 연이은 흉년으로 식량이 부족하여 굶어 죽는 자가 부지기수였으며, 군사를 모아도 먹일 수가 없었다는 당시의 사정이 이유가 될지도 모른다. 당시의 여러 장계와 『난중일기』에도 굶주림과 역질로 시체가 산을 이루었다는 참혹한 이야기가 나온다.

어떻든 간에 전쟁은 진행되고 장수는 전쟁을 치러야 했던 것으로 보인다. 그리고 전쟁이 없는 기간 동안 왜는 남해안 곳곳에 성채를 쌓고 둔전을 하며 장기전을 대비한다. 이때가 이순신이 삼도 수군통제사가 되고 수군 진영을 한산도로 옮기면서부터다. 그때부터 경상도 남쪽 바다는 왜가 점령을 하고 우리 수군은 얼씬도 못 하였기 때문에 한산도에서 나오지도 못하였을까?

그렇다면 원균에게 부산 앞바다에 가서 가토 기요마사를 잡아오라고 출전을 명령한, 곤장까지 치면서 강요한 권율이나 조정은 또 무엇을 말하는 것인가? 적(敵)의 지휘부를 코앞인 진해 웅천에 두고 이미 빼앗겨 버린 경상도 남해를 뚫고 나가라는 것은 호랑이 굴에 들어가 죽으라는 무모함이 아닌가? 이는 왜에게 조선의 수군과 백성들을 한입에 쓸어 넣으라는 말과 다름이 없다. 그렇기 때문에 이순신도 원균도 수륙 병진 작전을 끝까지 주장하면서 불가함을 말했으나 무모한 권율과 조정이 전쟁을 망친 것이다.

원균은 풀숲같이 빼곡한 왜성을 뚫고 부산 앞바다 현해탄으로 나아갔다. 적은 조선 수군의 움직임을 손바닥 보듯 환히 내다보고 있었다. 『선조실록』은 이날의 모습을 이렇게 전한다.

이억기와 최호 등의 수사들은 출전을 거부하면 우리 셋만 죽으면 되는데, 무리하여 출진을 하면 수많은 군사와 백성들까지 죽일 수 있다며 반대를 하였지만 원균은 자신이 죽을 자리임을 이미 예감하고 출전을 강행한다. 전쟁과 명령만을 아는 우직한 군인 그대로의 모습이다.

원균이 물을 구하러 상륙한 가덕도에도, 마지막 전쟁터가 된 칠천량에도 바로 머리 위에 장문포 왜성과 영등포 왜성이 있어 적의 육, 해군이 동시에 밀어닥친 것이다. 이는 어느 한 장수의 잘못이나 패전이 아니라 준비를 한 자와 안 한 자의 차이이고 결과로 보아야 한다고 본다.

더 이해가 안 되는 것은 지금도 남해안에 가면 버젓이 남아 있는 왜성에 대하여 임진왜란사(史)에서는 왜 제대로 다루고 있지 않은가 하는 것이다. 언제, 어떤 목적으로 쌓았고, 전쟁에는 어떤 영향을 미쳤으며, 우리 수군의 전사(戰史)에서는 왜 수수방관하는지, 언제부터 남해의 제해권이 왜에게 넘어갔으며, 칠천량 해전에는 어떤 영향을 미쳤는지 등. 사가(史家)들은 말이 없다. 오로지 권력자들의 필요에 따라 붓을 놀릴 뿐인가 보다.

현장에서 전투를 지휘한 원균은 물론 책임이 크다. 그러나 그는 전술적인 책임을 져야 하고, 작전을 기획하고 강하게 밀어붙인 권율은 전략적인 책임을 피할 수 없을 것이며 임금과 유성룡 등은 정치적 책임을 져야 할 것이다.

이에 덧붙여 필자는 역사학자와 군사 전문가들에게 묻고자 한다. 임진왜란 사(史)에서 일본의 반도 분할 제의와 31개 일본 왜성 구축이 강화 회담과 전쟁 수행에 얼마나 중요한 위치를 차지했으며 왜 그들은 애써 이 사실들을 축소하며, 취급도 하지 않으려 하는지⋯.

전라남도

사천성 24

순천성 26

남해성 25

전라좌수영

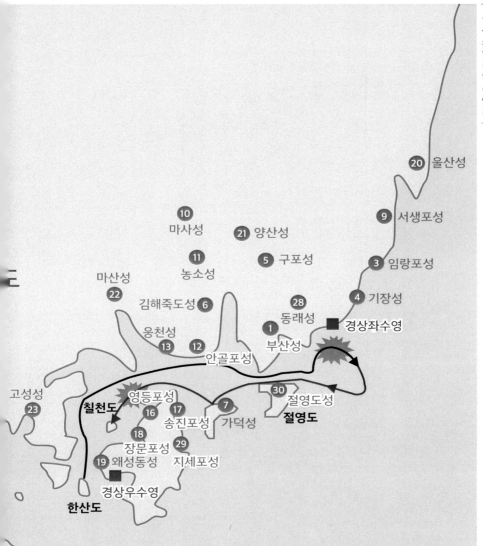

20 울산성

9 서생포성

10 마사성

21 양산성

11 농소성

5 구포성

3 임랑포성

마산성

22

김해죽도성 6

4 기장성

28

동래성

경상좌수영

웅천성

1

부산성

13 12

안골포성

고성성

30

절영도성

23

영등포성

칠천도

16 17

송진포성

7

절영도

가덕성

18

장문포성

29

19 왜성동성

지세포성

경상우수영

한산도

━━━━━ 원균의 진격로

━━━━━ 원균의 퇴로

◎ 임진왜란(1592~1596년) 때 축성한 것

울산 서생포 왜성, 부산 기장 임란도 왜성, 기장 축성리 왜성, 동래 왜성, 부산 왜성, 동삼동 왜성, 구포 왜성, 강서구 죽도 왜성, 가덕도 왜성, 안골포 왜성, 웅천왜성, 거제 영등포 왜성, 거제 장문포 왜성.

◎ 정유재란(1597~1598) 때 축성한 것

울산 학성 왜성, 양산 왜성, 창원 왜성, 거제 왜성, 동 왜성, 고성 왜성, 사천 왜성, 남해 왜성, 순천 왜성.

부산·양산·진해·가덕의 왜성은 정유재란을 대비 이전, 증축 통합 하였다.

| 웅천왜성의 흔적: 창원시 진해 남산동에 위치하는 웅천왜성은 1593년 4월 일본군이 한양에서 패퇴하고 "고니시 유기나가(小西行長)"가 바로 축성하여 일본군 제2 지휘부로 장기전에 대비하여 모든 침략전쟁을 지휘하던 곳이다.

ㅣ **울산 왜성의 흔적**: 지금은 울산시 학성공원의 일부로 남아 있는데, 가또 기요마사(加藤清正)가 왜성을 축성하고 조명 연합 동로군(東路軍)과 치열한 전투를 벌였지만 함락하지 못하였다.

너무나 의아하고 왜곡된 원균의 마지막 모습

원균의 최후! 아무도 본 사람이 없고 시신도 없이 빈 무덤만 전해져 내려오는데… 물증도 없다. 용감하게 싸우다 전사를 했는지, 치욕을 당하지 않으려 자결을 했는지 아무도 모른다.

정말 지금까지 전해지는 대로 적의 칼에 목이 베어졌다면 일본으로 봐서는 적의 주장(主將) 삼도 수군통제사의 수급을 벤 엄청난 전과가 되는데, 그냥 역사 속에 묻어 버릴 리가 없다. 일본의 전사에, 어떤 형식으로든 기록으로 남았을 텐데, 이 역시 유성룡의 『징비록』에 의해서 처음 쓰였고 전해져 내려올 뿐이다. 믿을 수가 없다. 자가 주장이고 허구일 수도 있기 때문이다.

그 후 통제사를 역임한 이운룡, 우치적, 정기룡과 배설, 송희립, 손문욱 등은 모두 살아남은 것을 보면 그렇게 엄청난 참패였는지도 의문이다. 경상우수영 배설의 배가 12척밖에 남지 않을 정도의 대패였는지도 의문이 간다.

김훈의 소설『칼의 노래』에서는 '전멸'이라는 표현을 하고 있다. 대패도 아닌 전멸이라니 글이 옮겨질 때마다 점점 표현이 과격해진다. 배는 다 파괴되고 불탔으니 전멸이라고 하지만, 장수들은 살아남았다니 이해가 되지 않는 표현이다.

아니 어쩌면 "신에게는 아직 12척의 배가 남아 있다."고 한 이순신의 말도 명량 해전의 승전을 극화하기 위하여 만들어낸 말인지 모른다. 칠천량의 패전은 과하게 키워 원균은 죽이고, 남은 배는 적게 하여 이순신을 위대하게 포장하려 했는지도 모른다는 의심을 금할수가 없다.

어떻게 장수들이 살아남았는데 배가 없이 사람만 생존했을 수가 있단 말인가? 살아남은 장수들이 모두 배설 휘하의 경상우수영 장수들만 있는 것은 아닌 것으로 보아 야간 기습으로 패주하고 뿔뿔이 흩어져 각자 도망을 하다 보니 대패를 하였겠지만, 실제는 배설의 12척 말고도 더 많은 배들이 남아 있지 않았나 싶다.

또 다른 한편으로는 전사자인 원균, 이억기, 최호 외에 기라성 같은 장수들이 살아남은 것은 원균이 대장선으로 왜 수군을 유도하여, 자신은 끝까지 싸우다 전장에서 산화하고 조선 수군에게 후일을 도모할 수 있는 길을 열어 준 것은 아닌가 하는 추측을 하게 한다. 그것이 오히려 타당성 있는 추리가 아닐까? 비록 배는 많이 잃었지만 장수들은 살아 이순신이 정유재란 마지막 전투를 승전으로 이끌 수 있게 한 기틀이 되었다면 억지일까? 오죽하면 선조가 "칠천량 패전 이후 살아남아 호의호식하는 자들이 많다." 하며 "전장(戰場)에서 주장(主將)이 전사하면 차장을 벤다."고 하였을까?

실제 『선조실록』에 보면 선조 30년 8월 5일, 칠천량 패전 20일이 지나도록 원균의 생사도 파악을 못 하고 패주한 장수들의 처벌을 논하면서 원균을 주장(主將)으로 군사를 상실한 책임을 군율로 처단할 것을 논의하였고, 이어 8월 18일에는 칠천량 해전에서 주장을 구하지 않고 도망친 장수를 처벌하도록 사헌부에서 건의한 내용에도 보면 주사(舟師) 전부를 이끌고 도망친 자와 뭍으로 상륙하여 도망친 자 등을 거론하고 있어 전후 수습이나 상황 파악이 전혀 이루어지지 않은 채 방치한 상태였음을 짐작하게 한다.

원균의 사후에도 그를 처참하게 하려는 악의적인 글들이 시간이 지날수록 끊이지 않고 확대 재생산된다. 앞에 『징비록』의 기록도 소개를 했지만 원균이 살아서 고향에 숨어 지냈다느니, 사지를 탈출하여 어디로 가는 것을 보았다느니, 별별 험담이 끊이지를 않는다.

이에 대하여 당시 칠천량 해전을 겪었던 선전관 김식의 해전 보고서인 「정유년 장계」에 보면 당시 전투 상황을 상세히 묘사하고 있으며, 말미에 "원균이 매복해 있던 왜구 6~7명과 싸우다 끝내 힘이 모자라 목을 잘라갔다."라고 기록하고 있다.

이것이 공식 기록안인가? 마치 이순신이 노량에서 죽지 않고 살아 있다는 유언비어와 같은 것이다. 더 이상 원균의 사후를 가지고 악의적인 옮김이 없길 바란다. 뿐만 아니다. 그날 원균을 두고 "술에 취해 명령만 지를 뿐이다", "전투 지휘능력도 없다" 등 비웃음 거리로 만들려는 악의적인 기록들을 서슴지 않았지만, 실상은 그렇지 않다.

김식의 「정유년 장계」에 보면 적의 야습으로 위급한 중에도 원균은 여러 장수들과 의논하여 "오로지 일심(一心)으로 순국할 따름이라며" 최후의 결전을 다졌다 하는데, 공식 보고서는 어디로 가고 만들어진 험담만 전해지는지 알 길이 없다. 원균의 작전 계획이나 전투지휘를 두고 문제가 있는 양, 패전의 책임을 지우려 하는데 과연 그랬을까?

선조 30년(1597년) 3월 29일 원균이 조정의 독전에 수륙병진책을 건의하면서 상신한 상세한 작전계획에 보면 "(전략) 안골포, 가덕도에 있는 적 3~4천 명은 우리 육군이 (바다 쪽으로) 몰아내면 수군이 이를 섬멸하고 그 후 거제 장승포에 이어 다대포, 서평포, 부산포로 진격하여 잃어버린 강토를 회복하는 제일의 계책이 될 것입니다. 4~5월은 수륙 군사를 동원하여 한판 승부로 결전을 하자 하고, 7~8월은 장마가 들어 비가 오고, 가을이 되면 바람이 거세고 파도가 높아 해전이 불가하다는 등" 구체적인 전투 전개 방향과 계절과 기후 조건까지 고려한 작전 계획을 가지고 있건만, 이를 무시하고 권율은 7월에 곤장을 쳐서 수군을 사지로 내몰았다. 누가 누구에게 작전계획을 운운하는 것인가? 적반하장(賊反荷杖)이란 말이 이를 두고 하는 말이다.

오늘날까지 칠천량 전투에서 원균의 모습은 술에 취해 잠을 잤다느니, 도망치다 뭍에 올라 왜군에게 칼을 맞았느니, 작전계획이나 지휘능력도 없이 허둥대다 패했느니, 심지어는 살아남아 고향에 숨어 살았다는 등 가진 험담과 모함이 계속되어 내려오고 있다.

전쟁의 후일담은 보는 사람에 따라 그 목적이나 의도에 따라 판이하게 달라지기가 일쑤이고 그에 따라 인물평도 극과 극으로 달라진다.

그중에 원균이 술에 취해 기강이란 전혀 찾아볼 수 없었다는 평은 칠천량 해전이 있던 그날 밤 척후(斥)의 책임을 맡고 있었던 척후장 김완이 쓴 『해소실기』에 나오는 글로 칠천량 패전의 단초가 된 척후가 뚫린 책임을 원균에 돌리고 빠져나가려는 음험함이 있는 것이고, 『난중일기』에서도 여러 사람들이 전한다고 하며 "대장 원균이 뭍으로 올라 달아났다 하며" 좋게 전하지 않는다.

반면 남원 의병장 조경남은 『난중잡록』에서 "원균이 그날 밤에 여러 장수들을 모아 의논하기를 하늘이 우리를 돕지 않으니 어찌하랴 일심(一心)하여 순국할 따름이다." 하며 결연한 의지를 보인 원균의 마지막 모습을 전하고 있다.

극심한 당파로 나라가 갈라진 시절에 모두가 자신이 처한 입장이나 정파에 따라 남기는 글과 변명이 각기 다르고 후세에 글을 쓰는 사람들도 자신의 목적에 따라 인용하는 글귀도 다르게 되는 것이다.

전쟁에 관여된 조정 중신은 물론 권율을 비롯하여 해전 현장에서 살아남은 모든 자들이 염치가 없어서일까? 원균에게 모든 허물을 씌우고 패전의 책임을 돌리고 싶었을 것이다. 그래야만 자신들의 허물과 책임에서 조금이라도 벗어나 면죄부를 받을 수 있으므로. 죽은 자는 말이 없고 세월은 그냥 흘러만 갈 뿐이다.

과연 원균이 살아서 뭍으로 올라갔을까?, 왜병과 싸우다 지쳐 소나무에 기대 목이 잘렸다는 최후는 맞는 것일까?

여기에는 상식적으로 생각해도 도저히 수긍이 안 가는 대목이 있다. 그날의 칠천량 해전은 압도적으로 우세한 왜의 수군이 당황하고 지휘체계를 잃은 조선 수군을 일방적으로 괴멸시킨 것으로 전하여 지는데, 전황이 그렇다면 적이 조선 수군의 대장선을 놓칠 리가 없다. 대장선을 놓아주어 고성에 추원포로 상륙시킬 리가 없고 대장선에 장졸도 없이 거의 혈혈단신 뭍에 올라 혼자 6~7명의 왜구와 싸우다 목이 잘렸다?

너무나 픽션이 지나치다. 원균도 이억기나 최호와 같이 최후까지 왜와 싸우다 바다에서 장렬히 전사했다고 보아야 할 것이다. 선전관 김식이 혼자 살아 돌아온 것이 무안하여 그럴듯하게 상황을 재구성했을지도 모른다.

또 더 이상한 것은 원균의 목을 왜병이 베어갔다 하는 대목이다. 이거야말로 전혀 사실이 아닐 것이다. 당시 왜군들이 자신들의 전과를 증명하기 위하여 조선 사람들의 코와 귀를 잘라 갔다 하여 일본에는 지금도 코무덤, 귀무덤이 있다는데, 원균이 누구인가 조선 수군의 총대장, 삼도 수군 통제사의 목을 베어가고도 아무런 기록이나 치하도 없다면 말이 되는가?

당시 풍신수길이 조선 수군과 해전금지령을 내린 후 칠천량 전투에서 승전 보고를 받고 무척이나 좋아하였다 한다. 도도 다카토도, 와키자카 야스히로 등 참전 장수 네 명이 연서로 올린 승전 보고를 받고 너무나 기뻐하며 엄청난 봉토(封土)를 내렸다 전하는데 그 어디에도 당시로는 최고의 전리품인 원균의 목을 베었다는 이야기도, 수급이 전해졌다는 사실도 전하여지지 않는다.

앞뒤가 연결이 되지 않는, 상식에도 안 맞는 혼탁한 전시에 만들어진 이야기라 생각된다. 원균은 뭍에 올라 도망하지도, 왜병에 의하여 목이 잘리지도 않고, 칠천량 그 바다에서 끝까지 싸우다 장졸들과 함께 산화한 것이 틀림없다.

후손들의 이야기를 들어봐도 전쟁이 끝나고 고성이고 거제도 바다를 몇 달이고 뒤졌지만 원균의 유품 한 조각도 찾지를 못하였다 한다. 그래서인지 그들은 지금도 광도면 황리에 있는 묘(墓)를 원균의 묘일 것이라는 자체를 인정하지 않는다.

원주 원씨 족보에도 원균이 영등포에서 순절한 것으로 기록되어 있다. 영등포가 어디인가? 칠천량에서 지척, 장문포 언덕을 내려서면 활같이 휜 해변을 끼고 오른편 포구로 영등포 바다가 칠천량까지 이어졌으니 영등포에서 순절한 것으로 기록한 것이다.

원균 장군과 임진왜란의 수많은 해전을 함께한 경상우수영 영등포 만호 우치적의 관할에 칠천량도 영등포 바다로 포함되어 있음이다.

원균이 추원포에 상륙하여 왜병의 칼에 목이 잘렸다는 이야기도 모함일 수 있다. 원균이 비겁하게 도주한 것으로 꾸며야 유성룡이 말한 것처럼 "누군가 원균이 도주하는 것을 보았으며, 또 누구는 고향에 은거한다는" 말과 연결이 되도록 만들어 낸 이야기일 거다.

그날 칠천량 전투에서 원균 장군과 함께 전사한 전라우수사 이억기, 충청수사 최호 이 세 분의 무덤은 똑같이 시신이 없는 의관 묘이다. 의복과 장신구 등을 묻은 묘를 쓴 방식이 똑같다.

이는 세 분 모두 칠천량 바다에서 끝까지 싸우다 장졸들과 함께 산화했다는 이야기다. 참고로 이억기 장군의 묘는 서울 광진구에 있었으나 워커힐 공사 때 유실되었고 최호 장군의 묘는 전북 군산시 개정면 최호장군길에 있다.

역사에는 이런 말이 있다. "살아남은 자는 충신(忠臣)이고 죽은 자는 역적(逆賊)이라고…"

허균(許筠)이 남긴 시(詩) - 바로 백성의 마음

조선 최고의 천재 허균이 중국에 사신으로 가는 길에 원균이 전사하였다는 소식을 듣고 요동(遼東) 어디선가 남겼다는 비통에 잠겨 쓴 시가 전해진다.

傳通抹桑寇	전통말상구
潛激下瀨師	잠격하뢰사
戈舡俄淹水	과강아엄수
都護摠輿屍	도호총여시
漢將能誅粵	한장능주월
周居恐邑岐	주거공읍기
中宵坐垂涕	중소 좌수체
憂憤有誰知	우분유수지

허균의 시문집(詩文集) 『성소부부고(惺所覆瓿藁)』에 전하는 이 시를 우리말로 풀어보면 이렇다.

전해오는 소식에 의하면 동쪽 나라 왜놈들이
바다 길목을 지키며 수군을 쳤다네.
전함이 파도 속에 뒤집혀
통제사도 수사도 함께 전사했다.
한나라 장수가 월나라를 꺾었어도
주나라는 기산으로 도읍을 옮겼다네
한밤중에 홀로 앉아 눈물 흘리네.
통분한 이 마음을 그 누가 알아주리!

이게 어디 허균의 마음뿐이랴?

국란에 처하여 나라가 풍전등화 같은 운명 앞에 언제 끝장이 날지 모르는 처절한 상황에서 온 백성이 같이 느끼는 마음일 것이다. 허균은 원균의 죽음을 듣고 깜짝 놀라 애통한 마음을 억제하지 못하고 글을 남겼다고 한다.

물론 원균의 죽음만을 꼭 찍어 비통해하기보다는 나라의 운명과 수군의 패전을 슬퍼했으리라 믿지만… 풍전등화 같은 조국의 운명을 건 대 회전에서 장수의 전사를 누구인들 가볍게 볼 수는 없는 참담한 소식이고 가슴이 무너져 내리는 일임에는 틀림이 없었을 것이다.

그 후 역사의 남은 기록과 같이 원균을 험담하고 비난하는 정황과는 전혀 다른 온 나라의 비통한 심정을 담은 글이라 믿는다. 정말 원균이 전쟁을 피해 다니고 동료 장수인 이순신의 전공을 시기하고 모함하였다면 이런 마음들이 시로 남아 자연스럽게 전해질까? 시(詩)란 스스로 우러나와 기쁘고 슬픈 마음들이 노래로 남아 전해지는 자연스런 인심인 것이다.

오직 국가의 안위만을 위하여 젊어서 무과에 급제한 후 북방에 나가 여진족을 무찌르고, 왜란이 터지고 나서는 남쪽 바다를 지키며, 때로는 국가의 명에 따라 내륙의 방어와 민란의 수습에도 전력을 다한 그의 충정을 그린 시 한 수라도 남아 전해진다고 하니 비록 수백 년이 지나 그 감회를 억누르기 힘든 것이 진솔한 마음이다.

칠천량 이후 패전의 책임을 두고도 살아남은 자들은 비겁했다. 유성룡을 중심으로 전쟁 수행 수뇌부의 남인들은 자신들의 과오를 인정하고 싶지가 않았다. 그런 용기가 전혀 없었다.

명과 왜의 강화(講和)회담에 기대어 전쟁 준비를 게을리하는 동안 왜는 조선 경영의 본진인 부산포를 대폭 강화(强化)하고 남해안 다도해 전역에 31개의 왜성을 구축하고 제해권을 장악하는 동안 조선 수군은 한산도에 포위되어 사실상 해전을 한 번도 전개하지 못하였다.

유성룡과 권율은 회피했다. 변명과 도피에서 더 나아가 모함과 모략에 급급하였다. 모든 걸 원균에게 미루고 원균의 잘못으로도 모자라 파렴치하고 무능한 장군으로 철저히 각색을 해야만 했다.

역사는 필요에 따라 정치적 목적을 위하여 사실이 왜곡되어 남아 있을 뿐이다.

5

회한에 빠진
조선 조정

결과론적으로 조선 수군은 칠천량 패전으로 장수도 잃고 수군 병사 대부분을 잃었다. 무능한 조정과 임금은 고니시 유키나가(小西行長)가 보낸 왜의 이중간첩 요시라의 간계에 빠져 놀아났고, 현장의 유능한 장수 하나는 삭탈관직 후 하옥이 되고, 그 후임으로 온 장수는 곤장을 때려 전쟁터로 내모는 바람에 장수도 잃고 조선 수군 모두가 괴멸되어 바다에 쓸려 가는 결과를 초래한 것이다.

간자의 세 치 혀에 놀아난 조정이나, 그 말을 믿고 수군을 전쟁터로 몰아낸 권율 도원수도 한심하기 그지없는 노릇이다. 요즘 말로 하면 나라도 아니고 군대도 아닌 격이다.

원균이 패퇴하자 선조는 대신들에게 이렇게 말한 것으로 실록은 전하고 있다.

"일찍이 원균이 절영도(영도) 앞바다에 나가는 것은 참 어렵다 하더니, 이제 과연 그렇게 되었다. 무슨 일이나 그때 정세를 보고 할 일이오. 또 요해지를 튼튼히 지키는 것이 제일인데 도원수(권율)가 원균을 독촉해서 이렇게 되었다."[1]

마침내 그해 11월에는 사헌부에서 칠천량 패전의 원인이 도원수 권율에게 있다며 그를 잡아다 정죄를 하라는 탄핵 상소를 올렸다. 주 내용은 다음과 같다.

"권율의 대책 없는 대처와 계책도 없이 경솔하고 망령된 생각으로 원균에게 엄한 형벌인 곤장을 때려 출전을 독촉하므로 6년 동안 경영하여 겨우 확보한 주사(舟師, 수군)가 여지없이 파괴되었고, 또 그 많은 산성 하나도 지키지 못하여 남원을 비롯하여 모든 산성이 함락되고 백성이 적에게 짓밟히게 되었으니 나라를 망치게 한 자가 도원수라며 잡아다 국문하시고 법에 따라 정죄하옵소서." [2]

이런 사헌부의 탄핵 상소는 치열한 전쟁 중이라는 이유로 시행이 보류되었다. 이 와중에 7년을 끌어온 전쟁은 선조 31년(1598년) 8월 18일 도요토미 히데요시(豊臣秀吉)가 죽게 되자 왜군이 철수함으로 끝을 맺게 된다.

전쟁이 끝난 후(선조 34년 1월)에 선조가 남방 4도 체찰사 이덕형과 나눈 대화를 보면 그동안 조정과 임금의 생각을 알 수 있고 원균의 전투 경위도 설명되기에 여기에 소개하고자 한다.

---

1) 『선조실록』 선조 30년 7월 22일 조.
2) 『선조실록』 선조 30년 11월 1일 조.

선조가 말한다.

"원균이 패전한 뒤 사람들이 그를 비방하나 나의 의견은 그렇지 않다. 원균은 참으로 용맹스럽고 지혜로운 사람이다. 우리나라의 의논들이 한 가지에 능하면 모두들 칭찬하고 한 가지에 실패하면 모두들 모함하는 경향이 있다. 그러나 영웅이란 한두 가지 성패로만 논할 수는 없는 것이다. 내가 원균을 만나보지는 못하였지만, 지난 임진년 초에 왜란을 당하였을 때 이순신과 마음을 같이 하여 적을 쳤으며, 싸움에는 반드시 앞장을 섰으니 그 용전을 알 만하다. 그 후 칠천에서 패한 뒤 모두들 다투어 그에게 허물을 돌리려 하지만 그 패전은 그의 허물이 아니며, 실은 조정에서 너무 재촉을 해서 밀어낸 탓이다. 그가 올린 장계를 보니, 안골포에 적이 뱃길 앞에 있으니 육군으로 하여금 먼저 그곳의 적을 몰아내어 준 다음에야 가히 나갈 수 있다 하였는데도 도원수(권율)가 그를 잡아다 곤장을 치면서 재촉을 하였다. 이에 비록 반드시 패할 것을 알면서도 나아갔으니 이것이 과연 그가 스스로 패한 것인가?

뒤에 들으니 전라우수사 이억기와 충청수사 최호와 더불어 말하기를 명령을 어기고 그곳에 나가지 않으면 우리 세 사람 죽음뿐이겠으나 명령에 따라 부산 앞바다로 나간다면 나라를 욕되게 함이 적지 않으리라 하였다니, 그러한 그에게 패전의 책임을 씌운다는 것은 옳은 일이 아닌 것 같다."

선조가 다시 말한다.

"이 문제는 내가 평소에 매우 마음이 편치 않아 하는 말이다." 하며, "외부의 공론들은 어떠한가?" 하였다.

이덕형이 답하기를,

"외부의 공론은 잘 알지 못하오나 신이 지난해 남쪽에 가서 들어 보니 그곳의 사람들이 말하기를 원균은 나라를 위하다가 죽은 장수라고 하더이다. 순신이 잡혀 온 뒤 원균을 그곳에 보냈더니 그때 제장들이 모두 순신의 부하였던지라 원균과 더불어 서로 협력하지 않고 고립이 되어 있었습니다. 부 체찰사 한효순이 체찰사 이원익에게 보고를 하고 적절한 조치를 취하려 하였으나, 미처 조치를 취하기 전에 패전을 하고 말았습니다. 제장(원균을 고립시킨)들의 말은 믿을 수 없으나 배를 저은 격군들의 말은 가히 믿을 만하다 생각하옵니다."

선조가 말한다.

"병서(兵書)에 대장을 죽게 하면 차장을 벤다 하였으니 원균이 이미 패하여 죽었으니 그 휘하에 있던 자들을 모두 다 죽이지는 못할망정 법에 따라 처치함이 옳거늘 그때 원균의 휘하에 있던 자들이 지금 고관대작이 된 자가 많은데 그들을 그대로 두고 패전에 죄를 모두 원균에게만 돌리니 나는 균의 충성된 마음이 후세까지 밝혀지지 않을까 두렵게 생각된다. 그렇게 되면 지하에 있는 그가 어찌 그 죄에 복종할 것이며, 또한 원통하게 생각하지 않을 것인가?" [3]

---

3) 『선조실록』 선조 34년 1월 17일 조.

이 대담을 보면, 임금의 외로움과 회한이 많이도 느껴진다. 차 떠나고 손 흔들어 보았자 이미 때는 늦은 것. 조정의 무능함과 권율의 무리한 독전이 가져온 폐해를 늦게나마 후회를 하는 듯함도 엿볼 수 있음이며 당시 조선 수군 내 알력사항으로 곤경에 처한 원균의 입장도 나타나고 있음이다.

이와 함께 또 하나 중요한 사실은 원균이 통제사로 부임하자 그를 따돌려 고립시킨 지난날 이순신의 부하들이 통제사와 수사들이 전사한 그 해전에서 자신만의 안위를 생각하여 살아남아 고관대작이 되었으며 이제는 자신들의 죄를 면하기 위하여 패전의 책임을 모두 원균에게 뒤집어씌우고 있는 것이다.

그렇지 않으면 그들의 대장인 통제사와 수사를 죽게 한 죄로 자신들이 벌을 당해야 하기 때문이다. 원균의 고립무원 전사(戰死) 당시에서도 원균이 전쟁에 패하자 살아남기 위하여 달아나다 죽었다는 세평을 만들어 냈다니 참으로 억울한 일이다.

이러한 모함은 이식의 이순신을 위한 시장(諡狀)에 원균의 전사에 관하여 군이 패하자 달아나다 죽었다(軍敗走死)라고 적으므로 생겨난 말이고, 이 글귀를 노량묘(露梁廟)에 충무공 이순신 비를 세우면서 그대로 인용하면서 오늘날 원균이 잘못 평가되는 계기가 되었다. 덕수(德水) 이(李) 씨이자 『선조수정실록』을 편찬한 이식(李植)은 철저히 가문을 위하여 이순신을 각색하였고 원균을 왜곡하였음이다.

6

원균은 전쟁을 피하지도, 이순신을 시기·모함하지도 않았다

이제 지금까지의 글들을 바탕으로 원균이라는 장수에 대하여 정리를 해보면서 왜 오늘까지 그릇된 역사와 이야기들이 전하여 세평(世評)을 이루는지 살펴보기로 한다.

영웅 만들기에 악역이 필요했나?

'원균' 하면 겁쟁이, 시기와 모함을 한 자, 심지어는 형벌을 받지도 않았는데 역적이라는 온갖 나쁜 단어를 동원해 헐뜯고 폄훼하는 사람이 많다. 이런 부정적 이미지는 유성룡이 삭탈관직을 당하고 자신의 처지를 변명하기 위하여 『징비록』을 썼듯이, 400여 년을 내려오면서 정치적인 목적으로, 정권의 정통성을 위하여 늘 활용되어 재탕, 삼탕이 되면서 악용되었다.

그때마다 이순신은 늘 넘볼 수 없는 주연이었고, 원균은 천하의 악질 조연이 되어 이순신을 영웅화하며 공전의 유례가 없는 흥행에 기여해야 했다. 한국 영화의 영원한 조연, 허장강이나 오달수는 유가 아니다.

바보일 정도로 착한 흥부를 위하여 심술궂고 구두쇠인 놀부가 있고, 가엾고 착한 콩쥐를 계모까지 동원하여 못살게 구는 팥쥐가 있듯이, 원균은 늘 이순신의 각색을 위하여 악하게, 더 악하게 그려져야 했다. 그래야 흥행이 되었기 때문이다. 모두 글 쓰는 자들의 장난일 뿐이다.

정말 원균이 시기와 모함을 일삼았던 그런 장군이었고, 이순신을 억울하게 옥에 가두게 하였을까? 나는 단연코 그렇지 않다고 본다. 임진왜란을 온몸으로 막아낸 조선 수군의 용장(勇將) 중 용장이고, 이순신도 원균이 없었더라면 그 수많은 해전을 치르지 못하였을 정도로 두 장군은 상호 간에 순망치한(脣亡齒寒)과 같이 꼭 필요한 존재였다고 생각한다. 임진왜란이 끝난 지 400여 년. 왜 아직도 원균에 대한 부정적 평가가 가시지를 않는 것일까? 참으로 통탄하고 가슴을 치고 울부짖을 일이다.

지식인, 정치가, 역사가 모두가 그때그때 자신이 처한 상황이나 유불리에 따라 이용하고 짓밟으려고만 할 뿐, 아무도 역사적인 진실을 바로잡으려 하지를 않는다. 수백 년 세월을 내려오면서 어떤 때는 당파 싸움에 이용하려, 문벌에 위신을 세우려, 불안한 왕권을 강화하려는 목적으로 한 사람은 영웅으로, 다른 한 사람은 역적으로 만들어 왔다.

대한민국 건국 이후도 마찬가지다. 국민들의 애국심을 동원하기 위한 수단으로, 군사정권의 합리화를 위한 롤모델로, 자기만족 수단으로 전쟁터에서 협력한 두 영웅을 그 후손들은 생각지도 않고 극

단적 상황을 만들어 갈라놓았다.

한 사람은 엄청나게 보태어 영웅을 만들고, 이 영웅을 부각시키기 위하여 다른 한쪽은 작살을 내어 파렴치한으로 만들어야만 했다. 세 치의 혀, 아니 낡아빠진 몽당연필로 이렇게 역사를 왜곡해도 되는 것일까? 정말 돌아가신 두 장군 중 어느 한 분이라도 이런 상황을 납득하시기나 할까? 이 나라 모든 지식인에게 호소하는 마음으로 이 글을 정리한다.

이쯤에서 다시 한번 양해를 구한다. 조금이라도 이순신 장군의 명예에 흠을 가하고 싶은 마음은 없다. 다만 원균 장군에 관한 사실, 정황을 방증하다 보니 이순신 장군에 누를 끼치는 경우가 생겼다면 넓은 이해를 바랄 뿐이다. 그 길밖에 반증할 방법이 없음을 안타깝게 생각한다.

원균은 겁쟁이인가?

우선 구체적으로 들어가기에 앞서 임진왜란에 관한 『선조실록』, 『난중일기』, 『선조수정실록』, 『임진장초(壬辰狀草)』 등 모든 자료에서 이순신은 전략가이고 지장(智將)으로 표현한 데 반하여, 원균은 용장으로 묘사하고 있고 반면 원균의 성격은 불같고 양보를 못 한다고 표현하는 것으로 보아 우선 앞뒤가 맞지 않는 험담이다.

처음 원균이 전쟁을 회피하였다는 기록은, 유성룡이 지은 『징비록』 앞부분에 "임진왜란이 일어나자 원균은 싸울 생각은 하지 않고,

일만의 병사를 해산하고 병선 백 척을 수장시킨 뒤 도주를 했다."고 쓰면서부터이다. 그리고 다섯 차례나 이순신에게 이영남을 보내 구원병을 청하였다는 기록을 통하여 본인이 싸울 생각보다는 이순신에게 구원만 요청하였다는 인식을 부각시키려 한다.

구원이라는 말 자체가 맞지 않는 표현이다. 임금이 평양까지 몽진한 상태이고 전선(戰線)이 없는 바다 위 전쟁터에서 앞이 무너지면 바로 다음이 이순신의 관할인 전라도 바다인데 참전이나 합세이지 무슨 구원이라는 표현인가? 아마 유성룡의 이런 기록에서부터 시작되어『선조수정실록』등 그 후에 나온 많은 자료가 이를 부정적으로 인용한 것으로 보인다.

서애 유성룡이 훌륭한 인물이고『징비록』이 국보인 점 등은 인정을 하더라도(국보가 된 것도 사실을 기록했다기보다 오래된 전쟁 기록물이기 때문이겠지만) 다음 사항을 들어『징비록』의 잘못됨을 지적한다. 일부 내용은 앞부분과 중복됨을 양해 바란다.

1) 유성룡은 임진왜란 중에 전쟁을 책임지는 병조판서를 겸직하고 도체찰사로 직접 왜란을 지휘한 분이다. 원균이 관할하는 경상우수영은 낙동강 하구를 경계로 경상도 서쪽 바다이고, 경상우수영 본영이 거제섬 오아포에 설치되어 있다는 사실을 알고도 이런 글을 썼는지 의심스럽다.

왜가 처음 상륙한 부산포와 동래는 경상좌수영 박홍의 구역이었으며, 임진왜란이 일자 우선 조정에 파발을 띄워 보고를 하고 주변 병영(이순신의 전라좌수영 포함)과 기관에 알린 것이 원균이며 휘하의 율포 권관(權管)이 영남을 이순신에게 보내 다섯 번이나 합세하여 적을 물리치자고 권유까지 한 바 있는데 전란 중 총지휘자 자리에 있던 사람이 이런 글을 남겼다니 이해가 가지 않는다.

2) 유성룡은 『징비록』에서 원균이 난이 일어나자 병사 만 명을 해산하고 전선 백 척을 수장시키고 도주를 했다고 기록하고 있다. 조선 선조 시대는 개국 이래 200여 년 동안 전쟁을 한 번도 치르지 않아 문약에 빠지고 병기는 녹슬고 병사가 없었으며, 설사 병사가 있더라도 병적에는 있지만 실제는 없는 상황이었다.

유성룡의 이런 기록은 조선의 중앙군이 처음으로 왜군을 맞아 전투를 한 것이 상주 북천변인데 이때 순변사로 내려간 이일은 명을 받고 군사가 없어 3일이 지나 겨우 60여 명을 데리고 내려간 사실이나, 또 유성룡 자신의 기록을 보더라도 왕에게 군사에 대한 의견을 올린 갑오년 4월 시무차자(時務箚子)에도 조선의 전투 병력은 8,000명이고 이도 3개월에 2천 명씩 교대근무를 했다고 기록되어 있으니, 원균이 일 만의 군사를 해산시켰다는 것이 얼마나 무책임하고 그를 모함하는 기록인지 짐작할 수 있다.

이는 이순신의 기록을 보더라도 '부임하여 보니 병기는 녹슬고 병선은 낡아'라고 돼 있고, 신립도 왕명을 받아 충주로 북상하는 왜군을 막으러 떠나려 하지만 병력이 모이지 않고 기십 명도 안 되어 도체찰사인 유성룡이 "자네가 우선 내려가면 병력이 모이는 대로 내가 따라가지." 한 부분, 『징비록』을 쓴 유성룡의 기록에 의하면 선조 27년(1594년) 4월(임진년) "당시 군병이라고는 다만 민병 수천 명이 경사(京師)를 오르내리는 실정"이라한 부분, 『선조실록』 26년과 『선조수정실록』 27년에 우리 병력 수준을 이야기하면서 영남의 요충지 상주에는 다만 세 사람의 활 쏘는 군사뿐이라 한 것과 임진왜란에 명나라가 조선에 원병으로 파병한 규모가 육군과 수군을 합해 4만5,000명 내외인 것 등 그 어느 기록을 보더라도 일개 도를 좌우로 나눈 경상우수영의 수군이 일만 명이라는 것은 말도 안 되는 숫자라는 것을 알 수 있다. 또한 부임한 지 3개월도 안 된 원균에게 병선 백 척이 있었다는 것도 이순신이 왕명으로 임진 해전에 처음 데뷔한 옥포 해전 때 전선을 24척 이끌고 참여한 것을 본다면 참으로 얼토당토않은 숫자인 것이다.

이는 개전 초 진주인(人) 충의공 강덕룡 장군의 행장에서 "원균에게 달려가 사천, 고성, 곤양 등 각지에 모병을 하며 도왔다."는 기록을 보아도 도망가기보다는 허술한 군세를 보강하기 위하여 모병 등 전쟁 준비를 한 것으로 입증되는 것이다.

1)과 2)를 보면 유성룡의 이런 글은 망언에 가까우며, 이런 분이 탁상에서 전쟁을 지휘하였으니 한양을 버리고 의주까지 임금이 도주하게 된 것이다. 원균이 도주한 것이 아니라.

다음은 유성룡이 쓴 기록으로 당시 군 실상을 그대로 보여주는 대목으로 참조가 될 것이라 소개한다.

> "정병 3백 명을 선발하여 전선에 보내려고 병조에서
> 선병을 하려 하였더니 모두 여염집이거나 시중 백도이
> 거나 서리 유생이 반이라 임시로 점검을 하니 유생들
> 은 관복을 입고 손에는 책을 들고나왔으며 서리들은
> 머리에 평정건을 쓰고 있어 제각기 모면만 하려는 자
> 가 가득하니 데리고 갈 만한 자가 없어 3일이 지나도
> 록 떠나지 못하였다."

3) 원균이 겁쟁이라니. 『선조실록』 30년과 『이충무공전서』 하권
   189쪽을 보면 "처음 진병(進兵)하여 적을 칠 때는 돌격과 선등
   (先登)의 용기는 이순신이 원균에 미치지 못한다." 하였고, 『선조
   실록』 29년에도 도체찰사 이원익이 선조에게 이르기를 "원균
   장군이 전쟁에 임하여는 항상 선봉에 서고 휘하에는 옥포만호
   이운룡(李雲龍, 후에 통제사)과 영등포만호 우치적(禹致績, 후에 통제
   사)이 있었다." 하는 기록 외에도 수많은 자료에 항상 원균은 선
   봉에 서서 왜군을 중앙 돌파 당파(撞破, 박치기) 전법 등으로 깨
   부수어 기선을 잡았다고 전한다.

4) 정작 누가 겁쟁이고 전쟁을 피한 것인가?
   우선 다른 것은 그만두자. 앞에서 여러 번 지적하였지만 임진
   년 4월 13일 전란이 발발하고 23일 동안 경상도 바다는 불타

고 한양은 적의 수중에 떨어지고, 임금은 평양으로 피난 갈 동안 이순신은 전라도 바다에서 무엇을 했단 말인가. 마치 집안이 불바다가 되고 싸움 바다가 되었는데 뒷방에 숨어서 살고 보자는 것과 무엇이 다른가.

임진왜란이 벌어지자 원균은 율포 권관 이영남을 이순신에게 다섯 번이나 보내어 경상, 전라 수군이 합세하여 왜적을 치자 권유하지만 자기 구역이 아니라는 이유로 번번이 거절하다 임금의 유지(諭旨, 어명)를 받고서야 마지못해 5월 6일 전함 24척을 이끌고 옥포에 이른다. 이날이 옥포 해전 하루 전이니 무슨 전투를 했겠는가. 옥포 해전의 주장과 전략, 선봉 모두가 원균 장군이었는데 지금도 이순신의 승전이라니, 전공에서 앞뒤가 뒤바뀐 격이다.

또 다른 전투를 회피한 것이 있다. 조정에서는 이순신과 원균의 불화를 알고 고심하여 경상도통제사와 전라도통제사로 통제사를 나눌까도 생각하다가 사간원의 원균 육장(陸將) 전출을 반대하는 상소 등도 물리치고 1594년 11월에 원균을 충청병마사로 전배한다.

원균이 전배하고 나서 이순신의 독무대가 된 조선 바다에서는 을미, 병신 정유재란까지 2년여 동안 해전다운 해전은 없었다. 강화 교섭 이유를 내세우지만 원균 같은 선봉, 공격장(將)이 없어서라는 이유도 있었을 것이다. 이순신이 삼도 통제사가 된 이후 남해에는 해전다운 해전이 없었다. 애가 탄 선조는 세자(光海)를 남방에 파견하여 여러 차례 이순신에게 적을 치라 명하였지만 움직이지 않았다.

여기 정유년 재침을 앞두고 선조가 중신과 의논한 내용을 전한다.

"순신이 처음에는 힘써 싸우더니 이제는 미미한 적까지 잡지 않으니 내가 늘 의심스럽게 생각한다. 지난번 세자가 남쪽에 내려갔을 때 몇 번인가 사람을 시켜 불렀어도 그는 세자를 만나지도 아니했다."

좌의정 김응남이 대답한다.

"지금 거제에 다시 원균을 보내는 것이 좋겠습니다. 만약 거제를 지키려 한다면 이 사람(원균)이 아니고 그 누가 그 일을 감당하겠습니까?"[4]

어쩌면 이순신은 강화론자인 유성룡의 뜻을 읽고 일본과의 전쟁을 회피하였는지도 모른다. 오만하기 그지없던 명나라가 벽제관 전투(1593년 1월 27일)에서 일본에게 일격을 당하고 개성을 지나 평양으로 퇴각을 하고부터는 명은 전쟁 의욕을 상실하고 일본과 조선을 반분할 것을 조건으로(일본에게 하삼도 양보) 강화 회담을 하는 동안 거의 전쟁을 하지 않는다. 이에 남해 연안에 왜성 31개를 쌓도록 방기하여 바다의 제해권까지 내놓은 상태가 된다.

한산도로 들어간 이후 별다른 전쟁 없이 삼도통제사를 지내다 정유재란이 일어나자 가토 기요마사(加藤清正)를 잡으라는 정부의 독전

4) 『선조실록』 선조 29년 6월 29일 조.

을 끝내 거부하고 왕명을 어겼다는 죄를 짓고 하옥된다. 물론 거듭된 흉년으로 사정이 어렵고, 요시라의 간교도 있었지만 전쟁을 피한 것은 피한 것이다.

결과론이지만 이순신이 피한 전쟁을 떠맡아 원균이 이순신 자리에 들어가 전사한 것이다. 참으로 아이러니한 일이지만 죽을 자리에 대신 들어가고도 원균의 모함으로 이순신이 삭탈관직당하고 하옥되었다는 욕을 먹다니…. 여하튼 전쟁을 피한 것은 원균이 아니고 이순신이 아닐까?

시기와 전공을 가로챈 것은 원균이 아니라 이순신이 아닌가?

원균을 폄하하고 악평을 할 때 이순신을 시기하고 전공(戰功)을 가로챘다는 이야기를 많이 한다. 과연 그랬을까?

『징비록』이나 『난중일기』 어디를 보더라도 두 장군 간 사소한 불협화음은 있더라도 원균이 이순신의 전공을 가로챘다거나 시기를 했다는 결정적인 사건이나 기록은 없다. 다만 다음 항에서 자세히 언급하겠지만 군 경력, 연령 등을 무시하고 허위 장계와 당파에 편중되어 이루어진 불합리한 인사 등으로 인하여 서로 매끄럽지 못하고 불편한 사이였음은 사실이었던 것 같다.

하지만 『난중일기』에서 보듯이 이순신이 임진왜란 중 제일 많이 만나고, 서신을 주고받으며 의논한 사람이 원균이고, 임진왜란 주요 해전 22전 중 17전 이상을 원균과 같이 싸운 것을 보면, 어떻게 죽고 못 사는 두 사람 사이가 아니라면 이런 일들이 있을 수 있겠는가. 이는 단지 후세의 인사들이 자기 필요에 따라 붓장난(筆誅)을 한 것으로 역사를 왜곡하고, 본인들 의사와는 전혀 상관없이 큰 죄를 지은 일임은 틀림없다.

임진왜란의 해전을 경우에 따라서는 22전 또는 25전이라도 하지만 중요한 해전 22전을 분석해 보아도 실제 그 많은 임진왜란 해전 중에 이순신 혼자 싸운 전쟁은 명량 해전 하나뿐이라는 사실을 간과해서는 안 된다. 칠천량 해전은 원균 혼자서, 최후 전투인 노량 해전은 명나라의 진린(400척)과 같이 치른 해전임을 밝혀 둔다.

이제 구체적인 사실 확인에 들어가기로 한다.

첫 번째, 임진왜란 최초의 승전 옥포 해전의 승전 장계를 이순신 혼자 올려 불화의 시초를 만든다.

임진왜란이 일어나고 바로 다음 날 원균은 이영남을 이순신에게 보내 전라좌수영 군과 합세하여 왜군을 막을 것을 제의한다. 이순신은 자기방어 영역 밖이라는 이유만으로 무려 다섯 번이나 거절을 한다. 거기서 끝나지 않고 원균의 지역인 남해의 군기창과 양곡까지 왜군의 장기 주둔을 우려해 불을 지르는 월권행위까지 서슴지 않았음을 역사는 너무 등한시하고 지나간다.

임금의 명으로(諭旨) 마지못해 이순신이 참석한 옥포 해전에서 원균, 이순신의 연합 함대는 임진왜란 최초로 대승을 거둔다. 한양을 버리고 평양까지 파천한 임금과 조정에는 낭보 중의 낭보였다.

이 승전의 보고, 즉 승전 장계를 이순신 단독으로 올린 것이다.

객장(客將)으로, 원균을 도우러 그것도 5월 6일, 전투 하루 전에 도착하여(비록 병선의 수는 많았다고 하지만) 연명으로 장계를 올리자는 원균의 제의에 천천히 올리자 해놓고 밤을 새워 혼자 이름으로 승전 장계를 올렸는데, 목말랐던 승전 장계에 들뜬 조정은 사실 여부를 가릴 틈도 없이 이순신의 벼슬을 올리고 이순신 부하 위주로 승진 등 논공행상을 해버린 것이다. 장군의 인격이라면 어찌 그럴 수가 있었을까?

『선조실록』, 『어전회의록』 등에 옥포 해전은 원균의 전략과 선봉으로 이긴 전투로 기록돼 있다. 원균은 얼마나 배신감을 느꼈을까? 어떻게 부하들을 볼 수 있었을까? 한순간에 이순신은 영웅이 됐고, 지금도 대우조선소가 들어선 옥포 앞바다의 옥포대첩전승비에는 이순신의 전공으로 기록되어 있다. 정말 이순신의 인품을 의심케 하는 일로 믿어지지가 않는다.

두 번째, 원균의 아들 원사웅을 첩의 자식이라 하며 12살밖에 안 되는 어린아이로 허위 보고한 일이다.

전란 중 원균의 아들 원사웅이 군공(軍功)으로 포상을 받은 일을 두고 이순신이 장계를 올려 모함을 한다. 원균이 첩의 자식이며 12살밖에 안 되는 원사웅을 공이 있는 것 같이 꾸며 공(功)을 탐하였다고. 하지만 조사결과 이는 거짓으로 밝혀졌다. 그는 원균의 적자(適子)이고 이미 18세로 장부임이 증명되었다. 이는 후에 선조가 이순신에 대한 신뢰를 잃어버리게 되는 계기가 되고 이순신을 불신하는 계기가 된다.

　세 번째, 부산포 왜군 진영에 불을 지른 사건이다.

　『선조실록』30년 1월에 의하면 도체찰사(都體察使) 우의정 이원익이 군관 정희운과 허수석에 명하여 부산포 왜 영에 불을 질러 가옥 천 여 호와 화약, 군기(軍器)는 물론이고 군량미 2만6,000여 석과 왜선 20여 척, 왜군 34명을 불태워 죽이는 사건이 일어난다.

　마침 이때 이순신의 수하가 이를 보고 이순신에게 보고를 하자, 자신의 공으로 허위 장계를 올리며 "부하 안위, 김란서 등에게 논상 (論賞)하여 앞날을 장려케 하옵소서." 하는 가증을 떤다.[5]

　이는 후에 이순신이 조정의 신뢰를 잃고 하옥되는 결정적 계기가 된다. 전공을 가로챈 사실을 보면 이순신의 경우가 훨씬 구체적이다.

　이순신과 같은 덕수(德水) 이씨인 이식이 날조한 『선조수정실록』에 는 모두 빠지고 묘하게 피해 갔지만, 원본인 『선조실록』과 여러 자료 등을 통하여 이미 지울 수 없는 사실이 되었다.

이순신이 파직, 하옥된 진짜 이유

　이순신이 파직을 당하고 하옥된 것은 원균의 모함 때문이 아니라 왕명을 어기고 전공을 탐한 허위 장계 때문이다.

---

5)　『선조실록』 권(卷) 제84 참조.

지금까지 우리가 통상적으로 알고 있기는 원균 장군의 모함에 의하여 이순신 장군이 하옥된 것으로 알고 있으나 정사인『선조실록』이나 이식이 날조한『선조수정실록』어디에도 원균 장군이 이순신 장군을 어떻게 모함하였는지 구체적인 실증이나 기록이 없고『선조수정실록』에만 추상적으로 표현돼 있다.

선조 30년 1월 27일 어전회의에서는 이순신에 대한 그동안 모든 문제들이 거론되고 토론되었다고 실록은 전한다. 이때 기록 몇 구절을 여기에 옮긴다.

영의정 유성룡
"그(이순신)는 성질이 강직하고 남에게 잘 굽히지 않는 사람으로 신이 수사로 천거하였습니다만 임진년의 공으로 벼슬이 정헌(正憲, 정2품)에 이르렀는데 너무 과한 일입니다. 대개 장수가 너무 기세가 높고 뜻이 차면 반드시 교만하고 나태해집니다."

이산해 영중추부사
"지난 임진년 때 이순신과 원균이 서로 천천히 장계하자고 약속하고 이순신이 밤을 타서 모든 공이 자신의 것이라 단독 장계하였습니다. 그로 인하여 원균이 원한을 가지게 된 것입니다."
"지난 임진년에도 원균의 공이 크다고 하옵니다."

윤두수 판중추부사
"이순신을 전라, 충청통제사로 하고 원균을 경상통제사로 삼았으면 어떻겠습니까?"

영의정 유성룡
"무릇 무장이란 벼슬이 높아져서 뜻과 기가 차게 되면 부릴 수가 없습니다. 이순신이 거제에 들어가서 그곳을 지켰던들 영등포와 김해에 있는 적들이 반드시 겁을 내었을 것인데 오래도록 한산도에만 웅거해서 별로 싸우지도 않고 이제 해로에 나가 적을 맞아 치지 아니했으니(가토 기요마사를 잡으라는 조정의 명령을 어긴 점) 어찌 죄가 없다고 하겠습니까?"

이순신을 천거한 최대 후원자인 유성룡조차 이순신의 죄를 인정하는 등 그동안 원균과 이순신의 모든 문제, 요시라 간계와 관련된 해전 등 논의가 길게 이어졌지만 신중을 기하는 동안 2월 4일 사헌부에서 이순신을 탄핵하는 다음 같은 상소가 올라온다.

"통제사 이순신은 나라의 더없는 큰 은혜를 입어 그 지위가 이미 극에 이르도록 높아졌음에도 불구하고 힘을 다하여 은혜를 갚을 생각은 하지 않고 군사를 바다에 머물러 둔 채 이미 5년이 지났음에 늙고 해이해져 적을 막는 일에는 아무런 조치도 취하지 않으면서 부질없이 남의 공로만 가로채 조정을 속이는 장계만 올리고 있습니다."

원균이 육지로 떠나고 나서 오랫동안 전쟁을 게을리하고 공만을 탐하였다는 이순신의 허물을 지적하는 상소였다. 다시 정리를 하면 이순신의 하옥, 파직의 이유는『선조실록』에서는 이렇게 적고 있다.

첫째, 조정을 속였으니 이는 임금을 업신여긴 죄 즉 기망장계(欺罔狀啓)를 말함이다.

둘째, 적을 쫓아 치지 않고 가토 기요마사(加藤淸正)을 살려준 죄이다.

셋째, 남의 공을 가로챈 죄와 남을 모함한 죄이다.

넷째, 한없이 방자하고 거리낌 없는 죄로 임금을 대신하여 세자가 남쪽으로 나아가 여러 차례 불렀으나 응하지 않아 임금과 조정을 능멸하였음을 적시하고 있는 것이다.

이상에서 보듯이 이순신의 파직은 원균의 모함 때문이 아니라 그동안 여러 차례 독전을 무시하고 세자가 불러도 오지 않는 등 조정을 속이고 임금을 업신여긴 사례와 옥포 해전 장계에서 부산 왜영 방화사건까지 여러 번 전공을 탐하는 허위 장계 사건이 누적되었기 때문이다. 또 이중간첩 요시라의 간계와 연관되어 부산 앞바다에 나가 가토 기요마사(加藤淸正)를 잡아 전란을 끝내라는 임금의 명을 어겨 파직되고 하옥된 것이다.

어전회의에서는 위와 같이, 이순신을 질책했던 유성룡이『징비록』에서는 전혀 다른 기록을 남기고 있음을 알아야 하고, 이식은 이런 사실은 전부 묵살한 채『선조수정실록』에서 이순신을 최대한 칭송하고 이순신에게 충무(忠武)라는 시호(諡號)를 얻게 한다. 문벌(門閥)의 명예를 지키려 안간힘을 쓴 것이다.

제3부

이순신 영웅 만들기

1

역사를 왜곡한 기록들

　왜 그들은 역사를 왜곡하면서까지 임진왜란의 두 영웅을 갈라놓아야만 했을까? 도대체 무슨 사연이 있어 본인들은 전혀 알지도 못하고, 원하지도 않는 원수지간으로 만들어 드라마, 영화, 소설마다 허구로 이간질을 하며 즐기는 것일까?

　여기에서는 임진왜란에 관한 기록, 특히 이순신을 치켜세우고 원균을 깎아내린 기록을 살펴보기로 한다.

　원균은 기록을 남기지 못하였다. 기록이 없는 자는 왜곡을 당하여도 언제나 불리하기 마련이다. 몇 번 말하지만 원균의 기록에 의하지 못하고 이순신의 기록에 의존하여 해명하고 역사를 밝히려 하다 보니 본의 아니게 이순신을 비판하게 됨이 참으로 안타깝고 아프다.

　이순신을 영웅으로, 원균을 악장으로 만든 기록 중 대표적인 것으로 서애 유성룡의 『징비록(懲毖錄)』과 이식이 집필한 『선조수정실록』, 이순신의 『난중일기』, 이광수의 소설 『이순신』을 비롯하여 그 후에 나온 소설류와 드라마 등을 들 수 있겠다.

원균은 1594년 11월 두 장군의 불화를 인식한 조정 인사에 의하여 충청병마사로 자리를 옮기고, 그 후에는 이몽학의 난을 평정하러 전라좌병마사로 옮겨 육지에 근무하고 있었으므로 이순신을 모함할 여지도 없었다.

전란에 빠진 국가를 위하여 바다로 육지로 이동하며, 함경도에서는 여진을 토벌하고, 충청도에서는 상당산성을 구축하며, 전라도에서는 반란 수습을 하는 등 필요할 때마다 국가의 부름에 따라 전력(全力)을 다한 장수에게 이 나라의 사학자들과 정치가들이 이런 식으로 왜곡을 해도 되는가? 반문을 하고 싶다.

『선조실록』 30년 1월 27일, 어전(御前) 회의에서 영의정 유성룡이 선조에게 아뢴다.

"원균(元均)이 나라를 위하는 정성은 큽니다. 상당산성(清州 上黨山城)을 수축할 때에는 그곳에 토실(土室)을 만들고 거처하면서 친히 성 쌓는 것을 지휘하였다 합니다."

이렇게 말을 해놓고 유성룡은 전란이 끝나고 고향에 돌아가 징비록이 아닌 '참회록'을 쓰면서 마음이 바뀌어서일까, 왜 원균을 두고 험담을 하였는지 알 수가 없는 일이다.

| 원균이 충청병마사 시절 토실(土室)에 기거하며 수축한 청주에 있는 상당 산성. 지금 산성의 그 어떤 안내판이나 기록에도 원균의 이름은 찾아볼 수 없다.

당시 조정의 상황과 당파 싸움

조선의 14대 왕 선조시대에는 당쟁(黨爭)이 생겨나면서 늘상 극심한 대립이 있었고, 국가의 안위보다는 자신이 몸담은 당파의 이해가 우선이었다. 처음에는 동인과 서인이 대립하더니 동인이 다시 남인과 북인으로 나뉘어 대립을 일삼았다. 또한 동인이 서인을 밀어내고 영의정 이산해, 우의정 유성룡 등이 우두머리로 정권을 잡고 있었다.

한편으로는 조선 개국 후 200년 동안 큰 전쟁 없이 문약한 세월이 이어져 오고 있어 허술한 국방 태세와 혹시라도 있을지 모르는 외세의 침략을 걱정하는 이들도 있었다. 서인이었던 율곡 이이의 십만양병설이 대표적이었지만 당파가 다르다는 이유 등으로 채택되지 않았다.

또 일본(倭)이 조선반도로 침략할 것이라는 여러 정보가 있었음에도 조정은 이에 대한 방비를 못 하고 파쟁(派爭)으로 지새우다 겨우 일본의 정세를 탐지하려 통신사를 보내기로 하지만, 여기서도 누구를 보내느냐, 누구를 정사(正使)로 하고 부사(副使)로 정하느냐를 두고 부지하세월 싸움으로 지새운다.

엎친 데 덮친 격으로 일본을 정탐하고 돌아와 임금에게 보고하는 두 사람의 의견이 정반대였다. 사실을 보고하기보다는 자신이 속한 당파의 이해득실을 우선으로 하여 임금에게 거짓을 고하기도 서슴지 않는다.

정사이며 서인(西人)인 황윤길은 일본의 침략 의도를 걱정스럽게 보고하고 준비를 착실히 해야 할 것을 권하지만, 반대로 동인(東人)이며 부사(副使)로 갔던 김성일은 도요토미 히데요시(豊臣秀吉)를 보니 원숭이 눈을 하고 겁쟁이 같아 전쟁을 일으킬 위인이 못 된다고 거짓 보고를 한다. 김성일이 누구인가. 유성룡과 같이 퇴계의 문하에서 동문수학을 하고 유성룡 추천으로 통신사가 되어 일본을 다녀온 이이다.

유성룡은 자신이 쓴 『징비록』에서 이렇게 말하고 있다.

김성일에게 "자네 말이 정사와 어찌 다른가?" 하고 물으니, 김성일이 말하기를 "저 역시 일본이 절대로 쳐들어오지 않는다고는 생각지 않습니다. 하지만 황윤길의 말이 너무 강경하여 민심이 동요될까 봐 그리 말한 것입니다."라고 기록되어 있다.

그렇다면 임금에게 거짓을 고하였다는 것이고 유성룡은 이를 알고도 방조하고 아무 대책을 취하지 않았다는 말이 되는 것이 아닌

가. 참으로 엄청난 일이고 당시 조정의 행태와 당파싸움의 폐해를
보여주는 단면이기도 하다.

『징비록(懲毖錄)』

징비(懲毖)라는 말은 지금은 자주 보기 어려운 글이다. "내가 징계
하여 후환을 경계한다." 이렇게 해석을 해놓고도 쉽게 이해가 가지
않는다. "지난 일의 잘못을 꾸짖고 미래의 위기를 대비한다."는 정도
로 이해를 하면 어떨까 싶다.

유성룡은 전란이 끝나자 파직 후 고향 안동 하회로 내려와 참으
로 좋은 제목을 붙여 임진왜란의 내용을 기록하고 『징비록』이라는
두 권의 책으로 엮어낸다. 아마 임진왜란에 관련한 최초의 체계 있
는 기록일 것이다. 실록 등은 이후에 나오기 때문이다.

이 책은 후에 이식(李植)이 『선조수정실록』을 쓰면서 교본이 되고
일본에 건너가 임진왜란의 정본이 되며, 국보로 지정되면서 마치 임
진왜란의 사실을 그대로 담은 기록이라 여겨지지만, 보는 이에 따
라서는 오랜 역사와 민간 기록물로서의 희소가치 등으로 국보가 되
지 않았나 하는 의견도 있다.

백면서생으로 감히 이야기하기는 어렵지만 전체적으로 사후에 나
열식 기록이고, 더구나 전쟁에 관하여는 상황이나 자세한 기록이라
기보다는 결과 위주의 짧은 평가이며, 임진왜란 해전에 대하여는
이순신에 대한 기록 말고는 그리 많은 부분을 할애하지 않고 있다.

이를 바탕으로 한 드라마 〈징비록〉은 흥미 위주, 흥행 위주로 이순신 중심이 되어 버렸지만. 특히 드라마 〈징비록〉은 노량 해전에서 이순신 장군이 총탄에 맞아 숨을 거두며 "나의 죽음을 말하지 말라." 하고 최후를 맞았다 하여 그의 죽음을 클라이맥스로 연출하고 이순신의 충성심을 극도로 미화하여 끝을 낸다.

하지만 "나의 죽음을 말하지 말라."라는 말은 유성룡의 『징비록』 끝부분에 나온다. 즉 이순신이 한 말이 아니고 유성룡이 글로 지어 남긴 말이다. 이렇게 이순신은 극찬하면서 왜 원균은 지나치게 폄하하여 형편없는 장수로 표현했을까.

원균 장군에 대해 전쟁을 회피하고 술과 여자를 밝히는 악장(惡將)으로 표현한 것은 이 『징비록』이 발단이 된다. 유성룡이 조선의 명재상이고 『징비록』이 국보인지라 말을 못 하는지 몰라도 『징비록』에서 발단하여 이식이 『선조수정실록』에서 악의적으로 역사를 왜곡하며 극에 달한다.

『징비록』에서는 원균에 대한 험담이 세 번 정도 나온다.

먼저, 『징비록』 앞부분에 임진왜란이 일어나자 원균은 겁을 먹고 싸울 생각은 하지 않고 수군 일 만을 해산하고 병선 백 척을 수장시키고 도주했다는 이야기가 나온다.

이 부분에 대하여는 앞에서도 자세히 설명하였지만, 당시 조선의 모든 현실로나 그 후 밝혀진 사실들을 보더라도 얼마나 터무니없는 기록인지 입증이 되었다. 오히려 조정에서는 당파 싸움질이나 하고 있어 전란이 일어난 지도 모르다가 허겁지겁 어가를 끌고 도망가기

바빠 그때 자신의 처지가 민망하여 이렇게 허황된 글을 써서 책임을 회피하려 한 것인지도 모른다.

『징비록』은 이어서 한산도 통제영에는 운주당이 있는데 이순신이 있을 때는 장졸 간에 누구나 모여 전투를 연구하고 계책을 결정하는 등 자유롭게 소통을 하던 곳인데, 원균이 오고 나서는 울타리를 치고 첩을 들여 함께 살며 술을 좋아해 장수들조차 그를 보기 힘들었다고 혹평을 하고 있고, 칠천량 해전에 패한 원균이 배를 버리고 언덕에 기어 올라 달아나려 하였으나 몸이 비대하여 소나무에 기대 주저앉고 말았다며 왜적에게 죽었다고도 하고 도망쳤다고도 하는데 정확히 알 수 없다 한다고 험한 기록을 계속하고 있다.

당시 재상으로 또 병조판서와 도체찰사 등을 역임하며 사실상 임진왜란의 모든 책임을 지는 총사령관으로서는 점잖지 못한 표현이고 기록이다. 원균이 통제사가 되어 한산도로 돌아왔을 때 유성룡은 운주당을 가리켜 원균이 첩을 데려다 살게 하였다는 등 험담을 하는데, 당시 신분사회였던 조선 시대에 수년 동안 전쟁터를 떠돌던 장수에게 상식적인 행동은 아니었을까? 과연 원균만의 허물이었을까? 그렇다면 서자로 아들 형제와 딸을 둔 이순신은 어떠했을지 궁금하다.

이순신이 통제사가 된 후 한산도로 수군 진영을 옮기고 전투다운 해전이라곤 없었으니, 운주당에서 장졸 간에 전투를 연구하고 계책을 결정했다는 이야기도 진실성이 와닿지 않는다. 또 원균이 칠천량에서 패하여 전사할 때는 58세였다. 당시로서는 노장으로 기력을 다했을 법 싶은데 '몸집이 비대하여…'라는 표현 등으로 수군 총사령관의 생사는 안중에도 없고 체형을 들먹이며 모멸하는 것은 예우도 아니며『징비록』의 공정성이나 품위를 떨어뜨리는 부분이기도 하다.

뿐만 아니다. 이순신을 미화하려고 사실과 다른 기록을 한 부분도 있다. 앞에 '나의 죽음을 말하지 말라'는 부분과 관련하여 이순신 사후 노량 해전을 지휘하여 마무리를 잘한 이는 이완이 아니고 손문욱(孫文彧, 후에 다시 나옴)으로 조정에서 그 공을 포상까지 하였는데 이를 이순신의 조카 이완의 공으로 왜곡하고 있다.

이제 유성룡이 이렇게 글을 쓴 연유를 나름대로 추측을 해 본다. 세월이 한도 없이 흘러 그 진위는 알 길이 없지만.

유성룡이 누구인가? 누가 무어라 하더라도 임진왜란을 전후하여 정권을 잡은 동인의 실세로 영의정과 도체찰사를 위시하여 전쟁과 관련된 모든 직책을 다 누린 사람이다. 김성일을 통하여 전쟁 위험이 있다는 사실을 인지하고도 전쟁 준비를 소홀히 하고, 전쟁에 임하여서는 임금이 의주까지 피란을 하는 등 대처의 잘잘못을 떠나 그 모든 책임이 가장 무거운 사람이다.

이이의 십만양병설을 무시하고 김성일로 하여금 일본을 오판했던지, 알고도 당리당략으로 거짓을 고하였던지 그 가장 핵심에 유성룡이 있었고, 전쟁 중에도 강화를 한다고 명(明)의 눈치만 보며 을미병신(1595~1596) 2년여 동안 육지나 바다에서 거의 전쟁이 없었다.

그동안 적은 부산을 중심으로 남쪽 해안가에 장기전을 대비하여 성벽(왜성) 31곳을 구축하고, 수군은 일본에서 자신들의 약점을 보완하여 튼튼한 대형 병선을 만들고 화포 등을 만들어 오는 동안 우리는 명나라 원군만 처다보며 허송세월한 책임에서도 벗어나기 힘들다.

역사에는 가설이 없지만 도요토미 히데요시(豊臣秀吉)가 죽지 않았다면 과연 일본이 물러났을까? 고향에 돌아간 유성룡도 지난 전쟁을 되돌아보니 만감이 교차하고 회한이 많았으리라.

『징비록』이 아니라 참회록을 쓸 생각도 조금은 했었을지도 모를 일이다. 자신이 몇 단계나 파격 승진을 시키며 후원한 이순신을 불세출의 영웅으로 그려서 대리 위안을 받고 싶었던 것일까? 그래서 『선조실록』 30년 1월 27일, 임금 앞에서 말한 임진왜란의 두 영웅을 그렇게 전혀 다르게 그렸는지도 모르겠다.

『선조수정실록』 40년 5월 1일에 실린 유성룡의 졸기에는 『징비록』을 이렇게 평하고 있다. "일찍이 임진년의 일을 추기하여 이름하기를 '징비록'이라 하였는데, 세상에 유행되었다. 식견 있는 자들은 징비록을 일컬어 자신만을 내세우고 남의 공적을 덮어버렸다"고. 이식이 『징비록』을 기반으로 『선조수정실록』을 써놓고는 이순신 관련 이외 기록은 이렇게 험담하는 이유가 아이러니하다. 어쩌면 이것이 유성룡의 진면목인지도 모른다. 달면 삼키고 쓰면 뱉듯 하는 이식(李植)의 양식에도 의문이 가는 부분이다.

흔히들 서애 유성룡을 명재상이라 하며 『징비록』이 국보라고 하지만, 진실의 기록 가치가 아닌 민간 기록물로 가장 오래된 종합적 임란 관련 자료로서 가치를 인정받거나 또 다른 기준으로 국보가 되었으리라.

『선조수정실록(宣祖修正實錄)』

임금이 죽고 나면 그다음 임금이 전임 왕의 재임 동안의 역사를 정리한 것이 실록(實錄)으로 중앙정치는 물론 민가의 중요한 일도 모두 넣어 연월일 순으로 기록을 한다.

실록은 사관들이 평소에 엄격하게 기록해 놓은 사초(史草)를 근거로 하기 때문에 임금도 볼 수 없을 정도로 공정하고 객관적인 사실에 기초한 것인바 실록을 수정한다는 의도부터가 불순한 것이다. 당시에도 유례가 없는 '수정실록'을 만든다는 것, 그것도 인조 때 이르러 전임 왕의 실록도 아닌 전전임 왕인 선조의 실록을 고친다는 것은 납득이 안 가는 일이고 고약한 음모가 있는 것이다.

임진왜란이 끝나고 45년이 지나 인조 21년인 1643년부터 이식(李植)이 주관하여 수정실록 집필을 서두른다. 이식은 이순신과 같은 덕수(德水) 이씨로 광해군을 몰아내고 인조반정으로 정권을 장악한 서인이다.

광해군 때 북인이 집필한 정사(正史)인 『선조실록』에는 북인들은 성인군자인 양 잘 기록된 데 반하여 이이, 성혼, 정철 등 서인들은 비하하여 비방하고 있다며 이를 고치겠다는 명분이지만 반정으로 집권한 인조반정의 명분을 부각하려는 의도가 다분했으리라.

대사간 이식의 상소로 시작된 실록 수정 작업은 사상 초유의 일로 사초에 의하지 않고 서인들의 비문, 행장 등을 중심으로 하고 임진왜란 관련해서는 『징비록』도 참고하여 대대적으로 뜯어고쳐 왜곡되고 필주(筆誅)하는 사건이 벌어진다.

이식이 『선조수정실록』에서 이순신을 높이고, 원균을 깎아내린 흔적은 여러 곳에서 아주 의도적이고 계획적이다. 앵무새처럼 『징비록』의 기록을 그대로 옮겨 임진왜란 초에 원균이 수병 일만을 해산하고 병선 백 척을 수장하고 도주했다는 내용과 원균이 통제사가 되어 한산도에 부임하자 이순신이 시행하던 제도를 모두 변경하고 이순신이 신망하던 사람은 모두 쫓아버렸으며, 운주당에 첩과 거처하며 술을 좋아하여 주정을 일삼았다고 쓰고 있다. 그는 사초에 근거하지도 않은 개인 기록을 인용하여 왜곡과 필주하며 역사의 죄를 지은 것이다.

『선조수정실록』 30년 7월

또 옥포 해전의 승전 장계에 관하여는 정사인 『선조실록』에서는 이순신이 단독으로 장계를 올리며 원균을 모함하는 내용인 데 반하여 이식은 수정실록에서 이순신이 원균과 연명하여 장계를 올린 것으로 거짓말을 하고 있으며, 원균은 단 한 척의 배로 이순신에 의지했다며 원균 장군의 활약상은 완전히 배제하고 이순신의 지휘하에 옥포 해전을 치른 것으로 왜곡을 하고 있다(이순신의 『난중일기』에도 원균의 전함이 6, 7척이라 기록하고 있음). 또 『선조수정실록』 27년 12월 초 "(원균이 충청병마사로 부임한 것을 두고) 원균은 서울 가까운 곳에 부임하여 권신들과 사귀고 날마다 이순신을 헐뜯으니 이순신은 편이 없어 직이 위태로웠다. 조정에서는 이순신을 질시하고 원균을 치켜세우는 사람이 많아서 명(名)과 실(失)이 뒤집어지고 말았다."고 기록하고 있다.

이 얼마나 가증스러운 거짓말이고 역사를 왜곡한 것인가. 『난중일기』를 보더라도 이순신은 수없이 유성룡, 권율 등과 서신을 주고받고 왕래한 기록이 많이 나오고 집권세력 동인의 후원을 받고 있는 터인데 거꾸로 말을 해도 정도가 있는 것이다.

이는 필시 이순신에게 충무공(忠武公)이라는 시호를 받게 하기 위하여, 파직 하옥 당한 죄상을 합리화하기 위하여, 원균을 시기 모함을 일삼는 자로 억지 거짓말을 한 것이다.

이식의 역사 왜곡은 여기서 끝나지 않는다. 이순신 장군의 시호(諡號)를 충무공(忠武公)으로 하사받기 위하여 이식이 시장(諡狀)을 쓴다. 그 시기가 공교롭게도 『선조수정실록』을 쓰기 시작한 해인 인조 21년, 1643년이다.

그는 여기서도 이순신 영웅 만들기의 극적 효과로 '원균 장군은 군(軍)이 패하자 (칠천량에서) 도망가다가 죽었다'라 필주하여 원균 장군이 도망가다 죽은 겁쟁이 장군이라는 나쁜 통론을 만든 주범이다.

하지만 정사(正史)인 『선조실록』 34년 1월 17일 자 영의정 이덕형이 보고한 기록에 따르면, 신이 지난해 남방에 갔을 때 그곳 사람들의 말에 의하면 "원균은 국사를 위하여 죽은 사람이다."라고 한 것이나 의병장 조경남 장군의 『난중잡록』에 "원균이 비록 싸움에 패하여 죽었으나 그가 불충(不忠)하고 불의(不義)한 사람이 아닌데도 뒷날 그를 비방하는 자가 많으니 어찌 옳고 그름을 헤아리는 것이 그다지 불공평한가."라고 역사를 왜곡하는 자들을 한탄했다 전하는 것 등 많은 자료가 있어 이식의 역사 왜곡 죄를 증명하고 있다.

『선조수정실록』에서 이식의 이순신 만들기 완결판은 노량 해전에서 이순신의 최후, 전사(戰死) 장면이다. 정사(正史)인 『선조실록』 31년 (1598년) 11월 27일 자에 의하면, "사신(史臣)[6]이 말하였다. 순신이 친히 그의 적을 쏘아 죽이던 중에 적의 탄환에 가슴을 맞아 배 위에 쓰러졌다. 그때 손문욱(孫文彧)이 곁에 있다가 급히 순신 아들의 곡을 그치게 하며 옷으로 시신을 가리게 하고 그대로 북을 울리며 싸움에 돌진하였으므로 다른 장수들이 모두 순신이 죽지 않았다고 더욱 기운을 내서 분전하니 마침내 적이 대패하고 말았다." 하였고, 손문욱의 논공에 대하여 권율 등의 장계에 나와 있다.

정사인 『선조실록』 31년(1598년) 12월 18일 자.

손문욱(孫文彧)의 큰 활약에 대하여 도원수 권율이 장계를 올려 말하길,

> "통제사 이순신이 죽은 뒤 다행히 손문욱 등이 마침 때를 놓치지 아니하고 잘 처리하여서 비록 순신이 죽었으나 혈전이 계속되었습니다. 손문욱은 친히 판옥 (板屋) 위에 올라가서 적세를 살피면서 지휘 독전을 하였습니다."

이에 군공청(軍功廳)에서 장계하여,

---

6) 사초를 쓰는 신하.

"손문욱의 지휘 독전한 공로가 당상관(堂上官)의 품계
를 주어도 아까울 것이 없습니다."

그 후 손문욱은 당상관(堂上官)인 정삼품(正三品) 절충장군(折衝將
軍)이 되었다. 그런데 이 사실이 이식이 『징비록』을 옮겨, 역사 도둑
질, 말 도둑질을 행한 『선조수정실록』 31년 11월에는 이렇게 둔갑을
한다.

"이순신이 친히 시석(矢石)을 무릅쓰고 역전하던 중에
적의 탄환이 그의 가슴에 맞았다. 좌우에 있던 사람
들이 그를 장막 안으로 부축해 들어갔다. 그때, 순신
이 말하기를 '지금 싸움이 한창이니 나의 죽음을 말
하지 말라.' 하고 곧 절명하였다. 순신의 큰형의 아들
인 이완(李莞)은 그의 죽음을 숨기고 순신의 명(命)으
로 싸움을 더욱 재촉하니 군중(軍中)에서는 순신의 죽
음을 알지 못하였다."

너무나 어처구니없는 역사의 날조다. 이식은 유성룡의 『징비록』에
나오는 말을 그대로 인용하여 이순신 만들기를 완성하고 정사에서
인정한 손문욱의 공을 가로채서 이순신의 조카 이완의 공으로 둔갑
시켜 왜곡하고 있다.

사관이며 대제학인 이식은 거짓말과 역사 왜곡을 아무 거리낌 없
이 자행했던 것이다. 이만 보더라도 이식의 『선조수정실록』의 허구,
음모, 불순한 의도는 백일하에 드러났다고 보아야 할 것이다. 형식

면에서 보더라도 정사인『선조실록』은 매월별로 매일같이 그날의 기록을 자세히 나누어 기술한 데 비하여『선조수정실록』은 한해의 기록을 월별로 묶어 필요한 부분만 소략하여 정리하므로 정확성이나 사실의 전모를 파악하기 어려움이 있는 허술함이 있다.

『난중일기』

잘 알려진 바와 같이『난중일기』는 이순신이 임진왜란 기간에 진중에서 기록한 일기다. 대부분 간단한 비망록 형식으로 그날의 일기부터 시작하여 만난 사람들과 중요한 일정, 처리한 일 등을 간략하게 기록하고 있다.

장군이 쓴 전란 중 일기라 상세한 전투 내용이나 전략, 전과 등등 전쟁 중심의 기록이라기보다는 의외로 사가에 관한 이야기로 어머님의 안부나 조카, 종들의 왕래 사실, 유성룡이나 권율 등과의 교류 내용이 많은 부분을 차지한다. 또 전체 내용이 655일분으로 임진·정유재란까지 7년 전쟁, 정확히 말하면 6년 7개월 전쟁 기간 약 2,400일 중 4분의 1 조금 넘는 분량으로 아쉬움이 남는 부분도 많다. 어렴풋이나마 나머지 부분은 의도적으로 훼손한 의심이 드는 등 여운을 남긴다.

『난중일기』에서는『징비록』이나『선조수정실록』같이 직접적으로 원균 장군을 못 쓸 장군으로 설정하고, 계획적이고 의도적으로 역사를 왜곡하려 하지는 않으나 원균 장군에 대하여는 좋지 않게 불만을 나타낸다. 주로 술을 좋아한다든지, 음흉하다든지, 공을 탐한다든지, 여자를 좋아한다며 흉을 보는 구절로 두 장군 간에 갈등하는 장면이 자주 나온다. 그러면서도 『난중일기』 중에 가장 자주 등장하고, 자주 만나는 사람이 원균 장군이었으니 그렇게 못되고 자신을 해치고자 한 사람이었으면 정말 그랬을까?

원균 장군 말고도 『난중일기』에는 원가(元家)들이 여럿 나온다. 아마 원균이 나이는 다섯 살 위고, 무과는 9년이나 앞선 선임 장군이었고 원균의 직설적인 언행으로 늘 부담이 되어 그렇게 기록하였는지 모른다.

하여간 한마디도 원균을 칭찬한 구절은 없다. 원균의 여자 문제는 구체적으로 지적을 하는 등 점잖지 못한 부분이나, 툭 하면 곤장을 치고 벌을 준다는 기록에서는 의아한 면도 없지 않다. 더욱 의아한 것은 임진왜란 중 이순신이 처음 참여해 승리를 거두었다는 옥포 해전에 대하여 일기에는 기록이 없다. 왕에게 보낸 승전 장계도, 임진왜란 최초의 승전 장계인데도 한마디 기록이 없다는 것이 납득이 안 간다. 더불어 그 이전에 원균이 군사를 보내 달라는 이야기, 합세하여 왜군을 막아내자는 이야기, 남해에 군기창과 양곡을 불태운 이야기들도 눈을 닦고 보아도 안 보인다.

그래서 일부에서는 이순신에게 불리한 부분은 훼손했다는 의심을 하는지도 모른다.

그 외 한산대첩 부분 외에는 초기 거제 부근의 해전에 대하여도 비중 있게 다루지 않고 있다. 또 의아스러운 것은 어머니나 집안일에 대하여 무척 노심초사하는 부분이다.

물론 부모에 효도하는 자가 나라에도 충성한다 하지만 자나 깨나 나라를 걱정하여 잠 못 이룬다는 이순신 장군이 지나치게 사가 일에 할애를 많이 하고 재물을 보낸다든지, 노복들의 왕래, 조카들의 이야기를 많이 하는 것도 조금은 어색하다 느끼는 것은 나 혼자만의 생각일까?

『난중일기』를 읽고 나서 그 전보다는 이순신 장군이 훌륭한 인격자는 아닌 것 같다는 생각을 가지게 되었다. 하여간 이순신의 『난중일기』와 『임진장초』에 나오는 기록에 대하여 합리화하려고, 가문의 명예를 위하여 이식이 충무공 시장(諡狀)도 쓰고 『선조수정실록』에서 역사를 왜곡하며 무리를 했는지도 모른다.

이광수의 소설 『이순신』

근세 들어서는 춘원 이광수가 1931~1932년 동아일보에 연재한 소설 『이순신』이 있다. 『선조수정실록』과 『징비록』을 인용하여 모함과 시기, 패륜을 일삼고 전쟁을 회피한 무책임한 원균을 부각하고, 충신과 전쟁 영웅으로 조선의 희망으로 고군분투하는 이순신을 그렸다. 악역은 두 번 세 번 마구 찍어 내리고 영웅은 미화의 극치를 만드는 데 서슴없었다.

이광수가 누구인가?

그는 1922년 발표한 민족개조론에서 '3·1 운동은 무지몽매한 야만 인종이 일으킨 사건'이라고 하는가 하면, 천황 폐하를 위한 자원병

모집에 앞장서 열변을 토할 정도로 친일 매국노였던 그가 일본에 결정적 타격을 준 적장 이순신을 영웅으로 미화한 것은 참으로 아이러니한 일이다.

왜 하필이면 많은 자료 중에 『선조수정실록』과 『징비록』이었을까. 어쩌면 소설가의 눈으로는 당연한 것이다.

두 사람이 다 훌륭한 장수이기보다는 한 사람은 영웅으로 다른 한 사람은 역적으로, 흑과 백으로 정반대 입장에서 치열하게 싸우는 모습으로 설정해야지 흥미를 끌 수 있고, 소설도 팔려나갈 것이며 흥행이 되기 때문일 것이다. 아니, 정작 속마음은 부패하고 무능한 정부와 원균을 통하여 조선은 정체된 사회로 변화의 여지가 없으니 망해야 하며, 의로운 이순신을 만들어 일본이 없으면 조선도 없다는 논리를 세워 총독부 통치가 당연한 것이고 일제 침략의 정당성을 은연히 강조하고 있는 것이다.

이광수의 『흙』, 『사랑』 같은 소설 하나 정도 안 읽은 사람은 없을 것이다. 그는 당시 한국인으로서는 거의 유일한 베스트셀러 작가였고 모든 젊은이들이 그의 소설을 읽고 감탄하고 미래를 꿈꾸었다.

이광수의 소설 『이순신』은 작가를 바꾸어 유사한 이름의 여러 소설이 출판되었다. 이승만 정권에서는 건국 초기 국민 단합 수단으로 애국심을 고취시키려고, 또 박정희 대통령 시절에서는 군사정권의 당위성과 반공, 애국정신을 강조하려는 시대적 필요성에 맞추어 이광수의 소설 『이순신』은 소설로 끝나지 않고 영화로, 드라마로 확대 재생산되었다.

『징비록』과 『선조수정실록』 내용을 바탕으로 흥행을 바라고 일제 찬탈의 정당성을 위해 각색한 친일 작가의 소설로 어른이나 아이 할 것 없이 온 국민의 머릿속에 너무나 깊이 잘못 각인되고 말았다.

아직도 잘못된 일제의 문화 침략에 속아 원균을 욕하고 비하한다면 당신은 친일파가 되는 것이며 그들의 농간에 놀아나고 있음을 자각해야 할 것이다. 수십 년이 지나도 친일 작가 이광수의 소설에 나오는 그 구도(프레임)에서 우리 온 국민이 헤어나지 못하는 것이 너무나 안타깝고 마음 아프다.

- 『이충무공전서(李忠武公全書)』 -

이순신에 대하여 비교적 사실에 근거한 책이기에 소개를 한다.

정조 19년(1795년)에 임금의 명으로 유득공이 감독하고 편집, 간행하여 교서관(校書館)[7]에 국(局)을 설치하여 국가적 사업으로 간행하였다. 원집 8권과 부록 6권 총 14권으로 구성되어 있는데, 권두에는 기(旗), 나팔, 사제문(賜祭文), 귀선도(龜船圖)와 어제(御制), 신도비명 등의 자료들이 있고 권 1에는 5편의 시와 잡기, 권 2~4에는 장계 65편, 권 5~8에는 『난중일기』가 실려 있다.

부록에는 종자 분(芬)이 쓴 행록을 비롯해 비문, 기문(記文), 제문과 『징비록』, 『지봉유설』, 『난중잡록』 중에서 이순신 관련 부분만 뽑아 엮었으며 전라좌수영 대첩비 등과 기실(紀實)이 실려 있다.

그 외 일화나 전언, 인품 등까지 총망라한 문헌으로 『징비록』에서 원균을 왜곡한 부분을 그대로 옮긴 아쉬운 점은 남지만, 이순신 개인의 전기는 물론 임진왜란 사(史) 연구에 아주 귀중한 자료로 소개를 한다.

---

7) 경적(經籍)의 인쇄, 반포 및 향축(香祝) 인전(印篆) 등을 맡아본 관청.

2

이순신 영웅 만들기에
집착하는 사람들

역사는 승리자의 기록이라는 이야기가 있다.

엄연히 정사인『선조실록』이 있는데도 불순한 의도로 어떤 목적을 갖고 이식이 고쳐 쓴『선조수정실록』의 기록이 마치 본류인 양 인용되면서 그때그때 필요성에 따라 이순신은 충신이고 국난을 이겨낸 영웅으로 그려지고, 원균은 모함과 시기를 일삼는 악장(惡將)으로 묘사된다.

그보다 앞서『징비록』은『선조실록』도 쓰이기 이전에 자신의 삭탈관직에 처한 처지를 변명하기 위하여 이순신을 통하여 자신의 이야기를 쓰고 있는 것이다.

이런 왜곡된 기록에도 이순신도 원균도 그저 임진란 전투에 공을 세운 장수로 평범하게 기억되어 지내오다 전쟁이 끝나고 100년이 지나서야 숙종 32년(1706년) 처음 이순신 사당이 지어질 정도였다. 그 후 1900년대에 들어서 보수를 한 차례 하지만 별 주목을 받지 못하다가 한국전쟁 이후 이승만 정권에서 조금 주목을 받기 시작하고 박정희 대통령에 의하여 엄청난 집중과 성웅(聖雄)화 작업이 이루어진다.

아산의 현충사 성역화 작업은 물론 광화문에는 어마어마한 국적

불멸의 큰 칼을 찬 동상이 세워지고 모든 임진왜란의 공은 이순신에게 몰아지고 그에 비례하여 전쟁 기간 이순신을 괴롭히고 악행을 저지른 것은 원균의 몫이 되었다. 역사는 정권의 필요에 따라 소환되어 각색되고 그에 맞춰 인물들도 역할과 평가가 달라져야 했다.

유성룡

이순신이 구국의 영웅이고 임진왜란 최고의 장수인 것은 아무런 이의 없이 인정하며 조금이라도 폄하하려는 의도는 전혀 없다. 그런 훌륭한 장수를 지나치게 각색을 하기에도 모자라 원균을 악장으로까지 만들어 이순신을 더욱더 돋보이게 한 사람이 유성룡이고, 그가 쓴 글이 '징비'는 하나 없는 '징비록'임을 이미 이 책 앞부분에서 다루었으므로 중복되어 간단히 언급을 하고 지나간다.

유성룡은 조정에 나간 지 30년 동안 10년여를 재상으로 지내며 선조 임금의 신임을 받으며 거의 정사를 전단(專斷)하였다. 특히 그는 임진왜란 동안 거의 수상(首相)으로 국가 경영을 해왔으므로 임진왜란에 대한 책임과는 직결이 될 수밖에 없다. 이런 그가 임진왜란이 종결되기 직전인 1598년 11월 19일, 이순신이 노량에서 전사한 바로 그 날 파직을 당하고 이어서 삭탈관직 처분까지 받는다.

고향에 내려와 은거하는 그의 마음이 어떠했을까? 때로는 허무하기도 했을 것이고, 전쟁이 끝난 것을 보고는 억울하기도 했을 것이다. 또 경우에 따라서는 전쟁 중에 자신의 공을 주장하고도 싶었을 것이고 자신의 처지를 강하게 변명하고도 싶었을 것이다.

그래서 쓴 것이 『징비록』이다.

이순신이 누구인가? 자신이 7단계나 승진시켜 조선의 바다를 지켜낸 장수 아닌가? 그렇다면 전쟁 그 공로는 자신에게 있는 것이고 전쟁을 끝낸 것도 자신의 공인데, 억울하다는 이야기를 하고 싶은 것이다.

『징비록』은 이순신을 위한 글이다. 아니 이순신을 통하여 자신의 이야기를 쓰고 싶었던 유성룡을 위한 글이다. 참으로 간특한 일이다.『징비록』어디에도 전쟁 준비를 소홀히 한 것이나 당쟁에 쏠려 조정을 분란으로 몰아간 잘못에 대한 후회나 속죄의 글은 거의 찾아볼 수 없을 따름이다.

이식(李植)이 역사를 왜곡해야 했던 사유

이식. 그는 왜 역사를 왜곡하면서까지 '이순신 영웅 만들기'에 집착해야만 했는가?

거기에는 참으로 가문의 말 못 할 사정이 있었다. 이순신과 이식은 같은 덕수 이씨(德水李氏) 자손이다. 이식은 역사를 왜곡하며『선조수정실록』을 편찬한 역사의 이단자이기는 하지만, 덕수 이씨 집안의 문벌(門閥)을 위해서는 참으로 대단한 일을 한 인물이다. 이에 반해 원문(元門)으로는 조상을 욕보이고 후손들이 가슴앓이를 하는데도 이를 바로잡은 인물이 없었다는 것을 반성해야 할 것이다.

이식이 역사에 손을 대야만 했던 당시의 절박한 상황을 이해하기 위하여는 임진왜란 당시 이광(李洸)이라는 인물을 알아야 한다. 이 광은 덕수 이씨로 임진왜란 초기에 전라도관찰사로 발탁되었으며, 임진년 6월 6일 용인 광교산 전투에서 6만이라는 압도적 병력 우세에도 불구하고 왜 장수 와키자카의 일천여 명에 참패하고 대간의 탄핵을 받아 파직, 투옥 후 유배를 간다.

용인 전투의 참패는 선조의 마지막 희망을 저버린 것으로 신립의 탄금대 전투에 버금가는 패전으로 기록되며, 선조는 이 소식을 듣고 평양성까지 버리고 의주로 몽진 길을 재촉한다.

이광은 하삼도(전라도, 경상도, 충청도)의 근왕병을 이끌고 주력으로 전투에 참여했으나 장수들 간 불신과 다툼이 심하였고 무리한 지휘로 참패를 자초하였으며, 여러 기록에 의하면 용렬하고 겁이 많아 처음부터 참전을 머뭇거리다 징병령이 내려오고 나서야 참여하고, 후에도 웅치(熊峙)대첩 때는 성을 나와 도망치는 등 비겁한 모습을 보일 정도였다고 전한다. 전쟁 참여를 머뭇거리고 조정의 명령을 받고서야 병력을 움직였다는 점이 어쩌면 그렇게 이순신과 꼭 닮은 꼴일까.

이러한 임진왜란 속 이광의 행적을 알고 나면 이식의 역사 왜곡을 조금은 이해하게 된다. 덕수 이씨의 두 장수 이순신과 이광, 육지와 수군의 우두머리 장수들이 모두 덕수 이씨였다는 것까지는 좋았는데… 공교롭게도 둘 다 전쟁을 피하다 패하고 파직 후 투옥을 당하는 것이 똑같은 것이다.

그 당시로 돌아가 보면 덕수 이씨 집안으로서는 잘못하면 육상과 바다에서, 전쟁의 모든 책임을 져야 하는 불명예스러운 상황이었으리라. 그때만 하더라도 이순신이 충무라는 시호도 받기 전이니 이순신 영웅 만들기는 시작 단계였다. 이식은 그래서 역사 왜곡을 결심하였을까? 그렇게 해서라도 가문의 명예를 지킬 필요성이 있었을 것이다.

그는 1641년 상소를 통하여 선조의 『수정실록』을 집필하게 되고 이를 기회로 땅에 떨어질 위기의 덕수 이씨의 명예를 위하여 가필 작업에 돌입한다. 인조 21년(1643년)에는 이순신에게 충무공이라는 시호(諡號)를 받아내려고 이식이 직접 그 시장(諡狀, 공적조서 같은 것)을 썼고, 동시에 그를 뒷받침할 근거로 『선조수정실록』의 집필을 주도하여 시작하게 된다.

이광, 이순신, 이식. 이 세 사람은 인연도 질기다.

이순신이 북방에서 오랑캐 방비를 소홀히 하여 백의종군할 때 전라도관찰사로 있던 이광이 조방장으로 구제해 준다. 이식은 이순신의 시장뿐 아니라 이광의 행장까지도 쓰며 스스로 이광의 종손(從孫)이라 했으니, 『선조수정실록』에서 이순신을 도 넘게 칭송하고 원균을 폄훼하면서 종조부의 굴욕에서 벗어나고 싶었는지도 모른다.

당시 집권세력인 서인을 위한다면서, 실상은 문벌(門閥)을 위하여, 이순신을 위하여 엄청난 역사 왜곡을 저지르며 역사 앞에 머리 들 수 없는 죄를 범한다. 이순신의 충무공 시호를 위하여, 이순신을 구국 영웅으로 묘사하기 위하여 몇 번이고 원균은 죽어 주어야 했고 간신도, 모함도, 시기도, 하지도 않은 일 등 인격 모독까지 당해야 했다.

이식의 손에 의하여 옥포대첩, 한산대첩을 포함해 임진년 초 거제도 인근 모든 해전의 승리는 이순신의 공으로 둔갑했고, 전쟁을 미루고, 옥포 해전 장계나 부산 왜군 진영 방화사건 등 이순신의 허물은 모두 빠졌으며, "나의 죽음을 말하지 말라."라는 한마디로 미화된 이순신의 죽음과 손문욱의 노량 해전 마무리 공까지 이순신의 조카 이완의 공으로 바뀌어 덕수 이씨만을 위한 실록으로 다시 만들어졌다. 한마디로 원균도 배설도 손문욱도 이식에게 난도질 되어 역사에 희생된 셈이다.

영, 정조 시대

조선 역사에서 영, 정조 시대는 조선의 르네상스 시대라 할 만큼 중흥기였고 두 임금 모두 많은 치적을 남기신 분이다. 그런데도 두 임금 모두 처음 임금이 되는 과정은 순탄치가 않았으며 정통성 시비로 왕권이 취약한 어려움을 겪는다. 여기에 등장하는 것이 이순신 이야기이고, 으레 원균 장군은 악역(惡役)으로 각색된다.

유독 조선 왕조에는 왕의 독살(毒殺)설이 많이 있다.

영조는 그 치적에 비하여 왕위 등극을 두고 초기부터 기반이 취약했다. 숙종을 이어 조선의 20대 왕위에 오른 경종은 몸이 허약하고 후사까지 없어 즉위 초부터 왕의 이복동생 연잉군(후에 영조)이

왕세제(王世弟)가 되어 대리청정하는 것을 두고 소론과 노론의 권력 암투가 극심하던 중 경종 4년에 왕이 갑자기 승하하고 영조가 왕위를 계승하게 된다.

세간에는 경종의 독살설이 퍼지고 흉흉한 소문 속에 소론 강경파가 주도하는 영조의 폐위설까지 나오게 되고, 경상·전라·평안도 등지를 배경으로 무신(戊申)란으로 일컬어지는 이인좌의 난이 일어난다. 이는 전국적 규모의 동조세력을 규합하여 일어난 영조의 정통성을 부정하는 대규모 반란이었고, 이 무신 여당은 영조 집권 내내 왕권을 흔들었다.

다행히 청주성을 함락하고 한양으로 향하던 반란군은 안성전투에서 진압되지만, 영조가 숙종의 아들이 아니라는 소문과 무수리의 자식이라는 출생의 콤플렉스 등 민심 수습책이 필요했고, 백성의 충성과 애국심을 고취하기 위한 긴요한 소재로 이순신이 필요했던 참이었다.

임진왜란 이후 인조 때 다시 만들어지는 『선조수정실록』이 딱 맞았다. 이를 인용하여 이순신을 국난 극복의 영웅으로 칭송하고 원균을 모함과 시기를 한 나쁜 장수로 극화하여 백성과 선비층을 파고들었다. 그리고 그 영특한 조선의 군왕 정조 때(정조 19년) 『이충무공전서』가 편찬되는데 왕의 윤음(綸音)[8]을 통해 국난 극복을 위한 이순신의 헌신적 행동을 『선조수정실록』을 인용하여 전하며 그의 장계, 『난중일기』 등을 수록하고 있다.

---

8) 왕이 국가의 위기 상황 등에 백성 등을 대상으로 교훈으로 내리는 문서.

정조 임금 역시 수많은 치적과 과학 문명 분야의 성과가 있는 홀륭한 군주였지만 사도세자의 아들로서는 역적의 아들이 되므로 왕위계승이 어려웠다. 당시 정권을 잡고 있던 노론(老論) 중, 사도세자에 비판적인 벽파의 반대를 설득하기 위하여 이미 죽은 영조의 첫 아들 효창세자의 양자로 들어가 겨우 세손이 될 수 있을 정도로 험난한 길을 걸어야 했다.

왕이 되고도 정조는 여러 차례 암살 고비를 겪어야 했고 끝내는 독살을 당했다는 이야기가 전해질 정도로 그는 늘 위험을 같이했었다.

치열한 시파(時派), 벽파(僻派) 간 당쟁에서 벗어나고 왕권 강화를 위하여는 할아버지 영조가 사용했던 이순신의 구국 영웅 이야기가 절실했던 것이다. 또 나가서 자신이 꿈꾸는 개혁된 왕조의 건설을 위하여도 백성들의 자긍심을 높이고 애국과 충성심으로 단합시키려면 임진왜란과 이순신 이야기가 필요했을 것이다.

정조는 국가적 사업으로 교서관에 국(局)을 두어 『이충무공전서』를 편찬하여 백성들에게 널리 읽히므로 왕권을 튼튼히 하는 데 크게 기여하는 계기를 만든다. 이로 인해, 이순신은 한층 더 영웅으로, 원균은 더욱 나쁜 악장(惡將)으로 남게 된다. 정조는 이때 이순신에게 추증된 벼슬도 좌의정에서 영의정으로 올리며 최상의 드라마를 각색한다.

건국 초기 이승만 대통령

1945년 8월 일제 치하에서 독립을 하고 정부 수립을 하는 동안 독립운동 각파와 남북의 이념 갈등으로 정국이 혼란에 빠져 있을 때 이승만 대통령은 국민을 단합시키고 국가를 위하는 충성심을 고취해야 할 필요성이 절실했다.

마땅한 소재를 찾다 보니 이순신과 원균의 이야기보다 좋은 것이 없었다. 한쪽은 목숨을 내던지고 국가를 구한 구국 영웅으로, 다른 한쪽은 시기와 모함을 일삼으며 권력과 결탁하여 영웅의 발목이나 잡는 악역으로 더 좋은 소재가 없었다.

멀리 이식의 『선조수정실록』까지 갈 것도 없이 이광수의 소설 이순신을 최대로 활용하여 원균을 짓밟았다. 그렇게 일본을 싫어했던 이승만 대통령이 소설 『이순신』이 친일작가 이광수의 작품인지, 그 의도가 일본의 합병 당위성을 위한 것인지는 아셨을까? 참으로 세상사 아이러니하다.

이순신에 열광하는 박정희 대통령

박정희 대통령은 일본 육사 출신과 남로당 관련 불투명한 배경 등을 거쳐 5·16 군사 쿠데타를 통해 집권한다. 자신의 과거 경력과의 단절을 위하여도 왜적을 때려잡은 이순신이 필요했다.

못살고 가난한 백성을 구출하기 위하여 부패한 조정과 싸우는 이순신을 자신으로 비유하고 싶었을 것이다. 영웅에서 만족하지 않고 성웅 이순신으로 만들고, 모함과 시기를 일삼는 부패한 원균을 죽이고 또 죽이므로 5·16은 불가피한 것, 시대적 요청이었음을 부각하고 싶었을 것이다.

당시 국가가 처한 위기 상황이 마치 임진왜란 당시와 같았고 군인들이 일어선 것은 이순신의 구국정신과 같은 맥락에서 출발한다는 이야기도 하고 싶었을 것이다. 국가가 어려운 때일수록 무장들이 나서 지켜냈고 문신이고 선비들은 말뿐이지 도움이 안 된다며 그 예로 임진왜란을 그르친 김성일을 들었다가 박정희의 정치적 지지 기반인 경북의 안동 등의 유림으로부터 큰 저항을 받게 되자 무마책으로 마침 이순신의 후견인인 유성룡의 『징비록』을 국보로 정하고 육군사관학교에 서애(西厓)관을 만들게 된다.

이때쯤 광화문에 이순신 동상이 서고 수많은 영화와 드라마에서 그리고 소설로 이순신을 성웅으로 만들어 국민을 세뇌하였다. 박정희 대통령은 이순신의 얼굴에 자신의 얼굴을 비춰 보이고 싶었을 것이다.

역사는 승리자의 몫이라 한다. 권력을 움켜쥔 사람의 필요에 따라 각색되고 해석되는 경우가 허다하다지만, 정사인 『선조실록』을 제쳐놓고 『징비록』과 『선조수정실록』, 일제의 정략 소설을 무차별하게 인용하면서 집권을 정당화하고 자신들의 상황을 각색하는 모습에 개탄을 금치 못한다. 일반적으로 실록은 연도별, 월별로 일자마다 그날의 일정과 중요한 사실을 요약하여 기록하고 있는 데 비하여『선조수정실록』은 월별로 묶어, 쓰고 싶은 기록 몇 개만을 남기고 있어 그 내용도 부실할 뿐 아니라 전체 기사의 양도 수십 분의 일 정도임을 지적한다.

3

의도적인 훼손이
의심되는 기록

유성룡은 삭탈관직(물론 후에 복권이 되었지만)의 벼랑 끝에서 『징비록』을 통하여 결과적으로는 역사의 승자가 되었다. 『징비록』으로 날개를 단 이순신도 『난중일기』와 『임진장초』 등을 통하여 우여곡절 끝에 승자의 자리를 넘어 전쟁의 영웅으로, 온 국민의 추앙을 받는 성웅의 경지까지 오르는 역사의 영원한 승자로서 자리매김을 굳건히 하고 있다.

그의 이러한 위치는 임진왜란 이후 역사적으로 집권자들이 정권의 정당성이 부족하거나, 위기에 처할 때마다 반복해서 재탕되어 우려냈다. 아니 확대 재생산되어 더욱 그 존재가치는 상승하고 난공불락의 요새화되어 온 것이 사실이다. 이제는 역사적 사실 여부나 옳고 그름은 문제가 아니다. 그저 '이순신' 이름 석 자면 족하게 된 것이다.

이에 비하면 원균은 기록을 남기지 못하여 패자가 되었고 그 억울한 굴레를 벗어나지 못하고 있다고 보아야 한다. 물론 이순신이 기록이나 자료 능력 같은 문재(文才)가 탁월한 점도 있으나 원균은 외아들 원사웅이 전사하였을 뿐만 아니라 동생 원연, 원전도 전란에 참여하여 전사하므로 대가 끊기고 멸문지화에 이르므로(친족 22명이 공신), 그나마 있던 기록도 보존되거나 유지되지 못한 점도 큰 이유일 것이다.

그러나 자세히 분석을 하면 그냥 지나치기에는 너무나 의심스럽고 납득을 하기 어려운 의혹이 가는 점이 많다.

국보인 이순신의 『난중일기』도 아무도 말은 안 하지만 의혹이 가는 부분이 많고, 육지와 바다를 두루 돌며 평생을 전쟁터에서 보낸 수많은 원균의 장계(狀啓)와 기록이 한 장도 남아있지 않다는 것은 물론 원균에 대하여 자세히 기록을 하고 있다는 이선(李選)이 지은 『원균전(元均傳)』마저도 한 부도 전하지 않는다는 것이 얼른 납득이 안가는 일이다.

앞에서 언급한 『난중일기』 부분과 일부 중복이 되지만, 『난중일기』는 국보로 우선 국보 그 자체가 가지는 무게와 권위로 함부로 논하기가 허락되지 않지만, 임진왜란과 정유재란 7년 전쟁, 아니 정확히 말하면 6년 7개월 전쟁 기간 약 2,400일 중에 일기가 전해지는 것은 655일분만이 남아 전해진다. 이는 이순신이 전쟁에 참여한 기간의 1/4에 불과하다는 점에서 우선은 쉽게 납득이 안 간다. 이순신의 치밀한 기록 성격으로 보아 처음부터 그날에 일기를 쓰지 않았다고 보기는 쉽지 않다.

더구나 이순신의 행적 중 가장 논란이 되고 있는 부분, 이순신을 평가하는 데 아주 중요한 사건들에 대하여는 하나같이 일기에 기록이 없다는 것이다. 옥포 해전 후 단독으로 장계를 올린 사건이나 부산의 왜영 방화사건과 장계에 대하여, 그리고 파직을 당하여 하옥

되는 장면 등에 관련해서는 일체 언급이 없다. 이순신에게는 물론 임진왜란 전 해전사를 통틀어서도 가장 중요한 사건인데 일기에 없다는 것은 쉽게 납득을 할 수가 없다. 일기에 빠진 부분은 공교롭게도 이순신에게는 불리한 부분이기도 하고, 이순신을 평가하는 데 핵심이 되는 부분인데도 일기에서 빠진 것이다.

실제 이순신 영웅화에 걸림돌이 된다면 과감히 없앤 사례는 이미 『난중일기』 초고본이 나온 이후 200년이 안 되고부터 나온다. 정조 때 충무공 전서 속의 난중일기에는 이순신에게 불리한 여성 관련 부분, 진중에서 낮에 술을 마시는 부분, 정유재란 초 부산포 앞바다 해전 부분 등은 아예 삭제되고 없다.

원균과 관련하여서는 위에서 언급했지만 이순신과 대비하여 그 많은 장계(狀啓)가 올바로 전해지는 것이 없다. 오직 『선조실록』을 통하여 일부분만이 전해질 뿐이다.

이선(李選)은 「원균전(元均傳)」에서 무엇을 쓰고 싶었을까?

외아들 원사웅을 비롯하여 온 집안이 임진왜란이라는 전쟁 속에 멸문이 되고 원균 본인도 전쟁터에 나가 전투에만 전력할 뿐, 기록 같은 것에는 마음 쓸 여유도 재주도 없었다고는 하지만 그래도 뭔가 미심쩍은 바가 남는다. 혹시 의도된 음모가 아닐까 하는 의혹을 품는 것은 잘못일까?

유성룡은 자신의 처지를 변명하기 위해서 『징비록』을 썼다지만 누가 무엇 때문에 이렇게 철저하게 기록까지 훼손해가며 역사를 왜곡해야만 했을까 하는 의문은 깊고 깊은 미궁 속으로 빠져들어만 간다.

그들이라면 당시 집권 세력인 동인이라면, 어떤 목적을 위해서 능히 기록을 없앨 수가 있다. 임진왜란이라는 전쟁을 앞두고 그들은 이미 사초 (공초)를 불태워 버린 전력이 있다.

당파 싸움에 몰두하여 전쟁 대비를 소홀히 한 책임에서 벗어날 수가 없자 동인계 사관 4명이 주도하여 임진왜란 1년 전인 1591년 2월 3일부터 1592년 6월 22일까지 사초를 불태워 버린 것이다.

사초가 무엇인가 세종대왕도 그렇게 보고 싶어도, 두 번이나 시도했다 보지 못한 정사(正史)인데 겁 없이, 무도하게 집권 세력에 의하여 불타버린 것이다. 사초를 불태워버린 사관들은 벌은커녕 그 후에 승승장구한 것을 보아 그 배후를 짐작하게 하며 얼마나 남부끄럽고 말도 안 되는 일들이 있었기에 사초까지 불을 질러야 했는지 기가 막히는 역사의 일면이다. 그 부분은 박동량이 쓴『기재사초』로 전해진다.

또 한 가지 가능성이 있다면 커다란 힘이 있어야 한다. 그것도 반박할 여지도 없는 엄청나고 새로운 힘이 있어야 할 것이다. 그런 힘을 소유하려면, 반정으로 임금을 끌어내리고 새로운 권력을 움켜쥔 집권세력이 아니고는 불가능할 것이다. 이 대목에서 역적 이이첨이 쓴 실록이라며『선조실록』을 부인하고, 조선 최초로 '수정실록'을 써야 한다는 상소를 올려 반정 세력에 유리하게 사론을 실은 이식이라면 그것이 충분히 가능하지 않았을까 하는 추측이 가능하다.

살제폐모(殺弟廢母)의 패륜을 명분으로 광해를 몰아내고 기세등등한 혁명군의 일원으로서 목적을 위한 거침없는 훼손이 가능했을 것이다. 혁명군에 유리하게 사론을 바꾸고 개인적인 인물평(人評)을 바꾼다는 명분으로 덕수 이씨 문벌의 명예를 위하여 여러 부분을 심하게 훼손하여 역사 왜곡을 주저하지 않았다고 상정을 해본다. 그래야만 이순신이 영웅이 되고 원균은 비겁하고 못난 악장이 되는 것이다. 어쩌면 이식은 이때부터 거리낌 없이 걸림돌이 될 만한 것은 모두 걷어 버렸는지 모른다.

신채호는 『조선 상고사』에서 이렇게 전한다.

> "고구려와 백제가 멸망하자 신라의 역사학자들은 연개소문과 성충, 계백의 전기 기록은 말살하고 오직 김유신만을 찬양했다."

조선 역사는 사대주의에 빠져 연개소문의 승리 기록은 없애 버린 김부식의 역사 왜곡과 같이 고려 시대 이후 사대주의에 찌든 역사가들의 기록이다.

『삼국사기』 「열전」에도 김유신 한 사람의 전기가 을지문덕 이하 수십 명의 전기보다 훨씬 많고 길다. 신채호는 『조선 상고사』에서 김유신의 패전을 숨기고 조그만 승리를 과장한 기록일 뿐이라 하였다. 그를 음험하고 사나운 정치가라 기록한 대목이 자꾸 연상되는 것은 무엇 때문일까? 물론 이 부분은 필자의 의혹일 뿐이다. 지나친 상상이라면 양해를 부탁드린다.

역사에서 사라진 두 해전

원균이 홀로 지킨 경상도 바다

선조 25년(1592년) 4월 13일, 임진왜란 개전 당시 상황을 다시 보자.

당시 조선은 건국 이래 이백 년 동안 전쟁 한 번 없이 문약에 흘러 당파싸움으로 지새웠다. 군인다운 군인도 없는 반도를 일본은 단숨에 점령하려는 의도로 부산에 상륙하였다. 상륙한 지 20일도 안 된 5월 2일에 파죽지세로 한양을 점령하고 한 달도 안 되어 평양까지 점령하였다. 일본은 육상과 함께 해상으로도 침입, 한강과 대동강을 거슬러 올라가 육군과 합세하고 보급로를 확보하려는 계획이었다.

그러나 이러한 일본의 계획은 육상에서는 계획대로 잘 진행되었으나 해상 계획은 전혀 그렇지가 못하였던 것이다. 육지에서 한양이 떨어지던 5월 2일은 물론 임금이 평양까지 피해간 5월 6일까지도 일본 수군은 단 한 척도 원균이 지키는 경상우수영이 있는 거제도 서쪽 바다로는 나가지를 못하였던 것이다. 전쟁이 시작되고 20일 이상이 넘는 기간 동안 왜의 배가 경상도 바다에는 얼씬도 못 한 꼴이다.

임진왜란 사든 어떤 역사서가 되었든 간에 임진왜란의 첫 해전을 1592년 5월 7일에 있었던 옥포 해전이라 하는데, 이것이 말이 안 되는 이야기인 것이 일본의 수군은 분명히 육군과 합세하여 조선을 점령해야 하고 병참 지원을 해야 하는 임무가 주어진 수군인데, 20여 일이 넘도록 전쟁을 하지 않고 허송세월을 하느라 부산 앞바다에서나 맴돌고 있다는 것이 말이나 되는 이야기인가?

이순신이 해전에 처음 참가한 전투에 맞추어, 이순신을 영웅 만들기에 맞추려고 옥포 해전 이전에 원균 혼자 싸운 경상도 앞바다의 해전은 지워버린 듯하다.

유성룡과 이식의 『징비록』과 『수정선조실록』에 언급한 원균이 백여 척의 배를 물속에 가라앉히고, 만여 명의 병사를 해산시켰다는 해괴망측한 역사 왜곡이 탄로 날까 두려워 역사를 그렇게 왜곡했는지 모른다.

많은 기록과 『선조실록』에 실린 어전 회의 기록들은 원균이 전쟁이 일어나자 파발을 띄우고, 이순신에게도 몇 번을 같이 힘을 합쳐 싸우자고 사람을 보내는 한편 각 포구에 전선을 모아 당파작전으로 적의 함선을 격파하였다는 기록이 남아 있어 원균이 혼자서 이순신이 합류하기 전 20여 일 동안 조선의 남쪽 바다를 지켰음을 말해주고 있다.

생각해보라. 육지에서는 왕도가 떨어지고 임금이 평양으로 도망간 20일이 넘는 기간의 해전기록은 왜 없는가? 이것이 이해가 가는 일인지를 묻고 싶다. 거두는 절미하고 이순신이 참전한 5월 7일의 옥포대첩부터 해전 기록을 하고 이순신을 영웅화하는 것이 제대로 된 역사 기록인가? 해전사를 쓰려면 개전 시부터 누가 어떻게 대처하고 어떤 상황이었는지를 연결하여 기록하여야 할 것이다.

여기 사라진 또 하나의 전투, 임진왜란 발발 이후 원균이 수하인 이운룡, 우치적, 기효근 등과 함께 외로이 지킨 경상도 앞바다의 전투를 역사에서 사라진 해전이라고 적는다.

다음은 개전 초기에 원균의 활약 기록이다. 참고로 남긴다.

개전 초 스스로 원균의 휘하에 달려가 원균을 도왔다는 진주의 충의공 강덕룡 장군의 행장기에는 원균의 당시 처지를 이렇게 소개한다.

"왜병이 급작스럽게 침공해 오니 원균 장군 휘하로 달려갔다. 그때 원균 장군에게는 장선(將船)이 모자라고 전구(戰具)가 없어서 계책을 세울 수 없는 형편이었다. 이때 공은 밤낮을 가리지 않고 사천, 고성, 곤양으로 돌아다니며 군인을 모집하여 마침내 수군을 정비하였다."

나라를 위하여 전투를 준비하는 원균의 모습이 이러한데 유성룡은 정반대로 전함 백 척을 바다에 쓸어 넣고 병사 만여 명을 해산시켰다는 날조를 하는 것이다.

또 대사헌 김간(金幹)의 기록에도, "원균 혼자서는 도저히 적을 맞아 싸워서 격멸할 수 없음을 알고 우후 우웅진으로 본영을 지키게 하고 옥포만호 이운룡과 영등포만호 우치적, 남해현감 기효근으로 하여금 물러가 곤양 해구를 지키게 하는 한편 비장(裨將) 이영남을 전라좌수사 이순신에게 보내 힘을 합하여 적을 방어하기를 청하였다. 그러나 이순신은 "각기 지키는 한계가 다르다." 하여 듣지 아니하였으므로 서로 의견이 5~6차례 오고 갔다. 원균 장군은 이순신 장군이 도착하기 전에 수차 왜적과 교전하여 적선 10여 척을 불사르고 빼앗으니 군성(軍聲)을 점차로 떨치게 되었다.

의병장 조경남도 난중잡록에 이렇게 기술한다.

"나는 전라도 남원에 있으므로 호남과 영남의 일과 본부의 일을 모두 알고 있다. 경상우수사 원균은 적을 많이 잡았으니 승리의 함성이 크게 떨치었다. 이로 인하여 민생들은 모두 마음을 놓고 생업에 종사하고 서로 크게 놀라지 않았다."

원균의 개전 초의 전과는 이순신이 왕에게 보고한 부원경상도장(赴援慶尙道狀)에도 기록되어 있다. 그는 원균의 회신을 거론하며 "왜선 500여 척이 부산, 김해, 양산강, 명지도 등에 주둔하였으며 그들이 상륙하여 횡행하므로 각 포의 병영과 수영은 함몰되어 봉화는 두절되었다. 이에 수군(경상우수영)을 동원하여 적선 10척을 태워버렸다."고 하였다. 이 기록은 『임진장초』와 『선조실록』에도 그대로 남아 있다.

이렇게 경상도 남해가 이순신의 참전 전에도 안정을 찾아가자 임금은 유서(諭書)를 내려 이순신에게 원균과 합세하라 명을 한다. 이것이 '명흥원균합세 공적유서(命興元均合勢 功賊諭書)'이다.

"왜적이 이미 부산 동래를 함몰하고 또 밀양으로 들어온바 이제 경상우수사 원균의 장계를 본즉 여러 포구의 수군을 거느리고 바다로 나가 형세를 뽐내어 적을 덮쳐 격멸할 계획을 차린다 하니 네(이순신)가 원균과 합세하여 적의 배를 쳐부수기만 한다면 적을 평정시킨다 할 것조차 없으리라. 그러므로 선전관을 보내어 달려가 이르도록 하는 것이니, 너는 각 포구의 병선들을 독촉하여 거느리고 급히 나가 기회를 잃지 말도록 하라."

유서의 내용 중, "바다로 나가 형세를 뽐내어 적을 격멸할 계획을 차린다 하니."라는 부분에 우리가 주목할 필요가 있다.

원균은 이때 이미 초기 수군 정비를 마치고 바다에서 전세의 주도권을 쥐게 되었고 자신감이 넘칠 뿐 아니라 이어 벌어지는 옥포 해전 등 거제도 앞바다에서 해전의 계획을 가지고 있었다고 보아야 한다.

이를 다시 정리하면 원균은 개전 초 사천, 고성, 곤양 등지에서 수병을 모집하여 기존병과 합세하여 수군을 정비하고 옥포 해전이 있기 전에도 개전 초 23일간을 거제 및 남해 각 29개 관포에서 출동된 휘하 장졸들로 적선을 공격하여 성과를 얻었으며, 이에 자신을 갖게 되어 적을 물리칠 계획을 세우게 되었다고 보아야 할 것이다.

이는 위에서 인용한 여러 기록들과 일치를 하고 왕의 유서(諭書)로서 입증을 하는 것이다. 그래도 오늘날 남해안의 모든 전승지의 기념비와 유적지에는 원균의 이름은 찾을 길 없고 이순신의 공치사로 도배가 되어 있으니 역사의 왜곡에 통탄을 한다.

이순신의 부산 앞바다 패전

정유재란이 일어나고 부산 왜영 방화사건의 허위 장계 사건과 가토 기요마사(加藤淸正)를 잡으려 출병을 하지 않는다는 조정의 성화가 불같이 일자, 마지못하여 이순신이 출병하였다 패전을 한 흔적이 있다. 그것이 언제인지는 분명하지는 않으나 정유재란이 선조 29년(1596) 12월이었으니 이순신이 파직당하기 전인 선조 30년 1월경으로 추정된다. 이순신의 패전은 『선조실록』 선조 30년 3월 20일조, 비변사에 내린 윤허 기록과 원균의 장계에 분명히 나타나 있다. 여기서는 그 전말을 알기 쉽게 원균의 장계(狀啓)부터 소개한다.

원균이 삼도 수군통제사로 부임한 지 얼마 안 되어 올린 장계에 의하면,

지난번 부산 앞바다에 드나들며 우리 수군의 위세를 나타내고, 가덕도 등지에서 적과 접전을 한 경위에 대하여는 전 통제사 이순신이 장계를 올린 바 있거니와 그때 일을 탐문해 본즉 본영 소속 도훈도(都訓導) 김안세는 그 실상을 다음과 같이 증언을 했습니다.
"전 통제사 이순신이 부산 앞바다로 나가 그곳을 드나들며 우리 수군의 위세를 보이고자 하였으나 조수가 물러감에 따라 그가 타고 있는 전선이 물러가는 조수에 걸려 움직이지 못하게 되자 적들이 달려들어 통제사의 배는 적에게 빼앗기게 되었다. 그렇게 되자 배 안의 장졸들이 큰 소

리로 구원을 청하고 그 소리를 듣고 안골포 만호 우수(禹
壽)가 급히 노를 저어 이순신을 등에 업고 간신히 그의 배
에 싣고, 이순신의 배도 안골포 소속 배꼬리에 달고 겨우
빠져나왔다.”

그 부산 거사 때 우리 수군이 바다 가득히 죽어 적에 웃음
거리가 되어 심히 분통한 일입니다. 이런 실수를 저지른 제
장들을 조정에서 처치하소서. 나주 판관 어운급(魚雲級)은
적과 대진하여 있음에도 불조심을 게을리하여 귀중한 병
기와 식량을 일시에 불태워 불과 한 마장 거리밖에 안 되
는 적선으로 밤새도록 좋은 구경거리가 되었을 뿐 아니라
웃음과 모멸을 당하였으니 더욱 통분한 일입니다. 어운급
의 죄상을 조정에서 처리하여 주소서.

장계는 비변사에 내려지고 비변사에서는 다음과 같은 처리 방안
을 임금에게 올린다.

“전날 부산 앞바다에서 병위를 나타냈던 일은 우리 수군
이 해만 입었을 뿐 유익한 일이 전혀 없었을 뿐 아니라, 우
리 수군의 허실만 적에게 드러내게 하였으니 심히 한심한
일입니다. 그때 안골포와 가덕도 두 곳에서 적과 싸운 수
령과 변방 장수들의 패전한 곡절에 대하여는 추핵, 계문
하여 죄를 주게 하고, 나주 판관 어운급에 대하여는 이제
까지 처벌하지 않았으니 심문하여 처리함이 좋겠습니다.”

이에 대하여 선조는 그대로 시행토록 윤허하였다.[9]

이 두 기록을 보면 미진했던 부산 앞바다 해전의 사후 처리를 위한 기록으로 패전에 대한 장수들과 불조심을 게을리하여 주요 병기와 식량을 소실한 나주 판관에 대하여 그 죄상을 추궁하여 조사할 것과 조정에서 죄를 줄 것을 건의하여 임금이 윤허한 내용이다.

내용 중에는 이순신의 구출 장면 등 상세한 전투 장면을 볼 수 있으며 비변사의 처리 방안을 보더라도 부산 앞바다 이순신의 해전은 해만 입었고 허실만 보인 한심한 전투로 평가되었다. 그로 인하여 여러 장수들의 징계가 불가피하게 된 전투임을 명백히 보여주고 있다.

이러한 중요한 해전 기록은 왜 역사에서 사라진 것일까?

누구를 위하여 역사는 왜곡되는 것이고, 이 왜곡이 임진왜란의 두 영웅 중 한 사람은 영웅으로 그리고 또 한 사람은 비겁하고 부도덕한 악장으로 몰아간 결과가 되었음을 알아야 한다.

뿐만 아니라 부산 앞바다에서 해전이, 아니 임금과 조정의 부산 앞바다 가토 기요마사(加藤淸正) 사냥 독전이 얼마나 무모한가와 이순신과 원균의 수륙 병진 전투가 옳았음을 입증하는 중요한 자료이기도 한 것이다.

---

9) 『선조실록』 선조 30년 3월 20일 조.

이렇게 원균이 개전 초에 혼자 지킨 경상도 바다 위에서의 해전과 이순신의 부산 앞바다 패전은 정치적 야욕과 사학자들의 역사 왜곡의 희생물로 역사의 기록에서 사라지게 된 것이다.

그들만의 이순신 영웅 만들기와 원균 죽이기에 장애가 되는 기록은 가차 없이 지우고, 폐기하고, 만들기와 같은 행위가 아무런 죄의식도 없이 진행되었다.

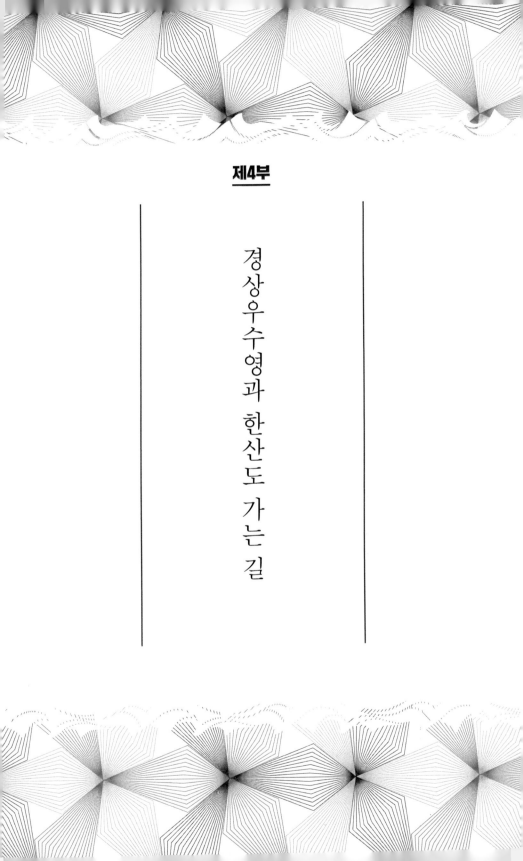

제4부

경상우수영과 한산도 가는 길

1

훼손되고 숨겨진
우수영으로 가는 길

대부분 사람은 경상우수영이 어디에 있었는지 모른다. 아니 관심이 없을 것이다. 그냥 경상도 어디에 있을 것이고, 임진왜란 하면 당연히 이순신과 거북선뿐이고 한산도가 통제영이 있었던 곳인데 할 것이다. 하지만 한산도가 우리 수군의 본거지로 된 것은 의외로 짧은 기간이고, 더구나 실전 지휘부로 역할을 한 것은 아주 적어 과장되게 포장이 되었다고 할 수도 있다. 다만, '한산섬 달 밝은 밤에 수루에 혼자 앉아…'라는 이순신의 시가로 우리 머리에 각인되어 있을 뿐이다.

원균의 발자취와 경상우수영의 흔적이라도 찾으려면, 아니 임진왜란의 치열했던 해전의 현장을 보려면 거제도로 가야 한다. 지금은 세계적인 조선소로 가득하지만, 거제도가 오랜 세월 우리 수군의 요람이었고 동북아 해상교통의 요해처라는 사실을 아는 사람은 적다.

차가 거제도로 접어들자 예의 불만스런 여러 생각들이 교차한다. 『삼국지』에는 그 많은 영웅호걸이 등장하건만 여포, 동탁 말고는 모두 훌륭하게 칭송을 하지 않는가. 유비 밑에도 관우, 장비, 조자룡을 비롯하여 여러 장수가 서로 돕고 칭찬을 해가며 패업을 이루건만, 왜 그 참혹하고 긴 임진왜란 7년 전쟁 동안 이순신 한 사람뿐인가. 어떻게 혼자서 나라를 구했다는 영광과 명예를 독식하는가. 이에 대하여는 동의할 수가 없었다.

물론 이순신 본인과는 전혀 무관하게 이루어진 일이고 원하지도 않은 일이었을는지도 모르지만, 그 이후에 수많은 위정자 등이 자기 필요에 의하여 부풀려지고 과장되었다. 그렇다 해도 너무 지나쳐 인정이 안 된다.

영웅을 만드는 것은 얼마든지 좋다. 영웅을 만들기 위한 일이라도, 국가를 위하여 전장에서 목숨을 바쳐 나라를 지킨 장수들까지 죽이고 또 죽여서 심지어는 겁쟁이, 간신, 시기가 가득하고, 여색을 탐한다는 등 온갖 나쁜 말은 다 동원하여 역사적으로 비열하게 매몰을 시키는 일에 분노를 금할 수가 없었다. 유성룡이 그랬고, 이식이 그런 행동을 서슴지 않았다. 원균뿐만 아니라, 이일, 신립, 김천일 등 전쟁터에서 산화한 이 조국의 영웅들이 붓장난에 필화를 입은 것이다.

임진왜란 전체를 일별해 보아도 왜군이 부산에 상륙하여 반도를 거쳐 명나라를 치려 했다면 초기 전선은 부산포와 동래에 상륙하여 형성되었으리라 상정되는데, 좌수사 박홍이 달아나 왜 수군의 점령지가 되었지만 그 지역은 경상좌수영 지역(현재 부산 수영 일대)이다. 경상우수영은 거제도 서남쪽 한산도 맞은편에 가배량 또는 오아포에 있었는데 개전 초부터 "원균이 전함 백여 척과 군사 만여 명을 해산하고 도주하였다."는 것은 유성룡이『징비록』을 통해 의도적으로 왜곡한 기록이다.

앞에서도 여러 번 언급을 했지만, 임진왜란을 통틀어 조선 수군의 해전은 명량 해전 단 한 차례를 제외하고는 모두 경상도 바다에서 왜 수군과 싸운 전쟁이다. 그것도 거제도 앞바다와 김해, 사천, 고성에 이르는 반도의 남단, 내해에서 일어난 전투가 전부인 것이다.

일본 수군에게 점령당한 경상좌수영에서 전라도로 진격을 하려면 이 내해를 지나야 하는데 임금이 평양까지 유성룡을 데리고 도주를 하는 동안 경상도 바다를 지킨 것이 원균이 이끄는 경상우수영 장졸이건만 그 누구도 원균은 고사하고 경상우수영의 공을 이야기하는 자가 없다. 아니 공은커녕 경상우수영의 흔적 하나 제대로 남아 있지 않은 것이 너무나 편파적이고, 지나친 역사의 왜곡이라는 생각을 한다.

이순신, 원균 등 당시 수사를 제외하고 해전에서 용맹을 떨친 범 같은 장수로 후에 삼도 통제사를 지낸 이운룡, 우치적 같은 장수들도 경상우수영 소속은 물론 거제에 속한 옥포, 영등포 만호 출신이며 이 지역 바다에서 수군으로 뼈가 굵은 장수임을 알려둔다.

7년에 걸친 임진왜란 기간에 치열한 해전이 벌어진 경상도 바다에는 그 옛날 용맹을 떨친 경상우수영 수군들은 흔적조차 없고, 경상우수영의 위치마저도 가배량 성, 오아포, 산달도 등으로 추정만할 뿐 정확히 전해지지 않는 것이 너무나 가슴 아프다.

온통 이순신과 거북선 일색의 기록일 뿐, 주 전쟁터에서 싸움을 지휘한 지휘소도 방어선인 성곽조차도 온전히 보존된 것이 없는 것

은 치열한 당쟁에 의도적으로 훼손되고 숨겨진 것은 아닐까? 하는
마음을 떨쳐내지 못한다.

경상도 바다를 지키고 싸운 원균은 물론이고, 경상우수영은 거제
도에는 없었다. 거제의 옛 지명은 기성(岐城)으로 조선 세조 때부터
남해 경비를 위하여 경상우수영(경상우도 수군절도사영)을 설치한 것
이 경상우수영이 거제도에 위치한 연유다.

거제는 고려 말에서부터 조선으로 넘어오면서 남해를 지키기 위
한 군사적 요충지로 이곳에다 수영을 설치하고 군사를 양성함은 물
론 외적, 주로 왜구의 침입에 대비하였다.

당시의 조선(造船)과 항해(航海) 기술로는 먼 바다로 나가 우회하여
항해하기가 어려웠고, 왜의 수군은 섬이 많은 내해에 익숙하였을
뿐 아니라 현해탄을 어렵게 건너와 바로 반도로 상륙하기보다는 거
제를 일차 목적지로 정박하여, 휴식과 정비를 하여 힘을 기른 후 주
로 남해와 전라도 지역의 곡창 지역으로 숨어들어 침탈행위를 자행
해왔다. 그로 인하여 거제도는 늘 왜구가 창궐하였고 심한 경우에
는 양민들은 반도 쪽으로 이주를 시키고 병사들이 남아서 섬을 지
키기도 하였다.

거제도는 그만큼 조선의 남해안을 방어하기 위하여 가장 중요한
요충지였기에 삼도 수영 중 가장 규모도 컸을 뿐 아니라 제일 유능
한 선임 수사를 배치하였고 군사들도 다른 지역에 비하면 실전 경
험에 익숙한 강병들이었다. 즉 당시 거제가 전운이 감도는 전선이었
다면 전라좌수영은 후방인 셈이다.

수영의 규모를 비교하더라도 경상우수영은 8관(官) 20진포(鎭浦)인 데 비하여 전라좌수영은 5관 5진포에 지나지 않았다.

아마 여기에 원균과 같은 전투 경험이 풍부한 선임 장수를 경상 우수영에 보임하고, 상대적으로 중요도가 떨어지는 전라좌수영에 는 검증도 덜 되고 정읍 현감을 하고 있는 이순신을 7단계나 특진 을 시켜 인사를 한 연유가 있지 않나 하는 추측을 해본다.

| 거제현 관아 기성관 모습

경상우수영

- 8관: 웅천, 진해, 고성, 거제, 사천, 남해, 곤양.
- 20진포: 오아포, 가배량, 제포, 영등포, 적량, 옥포, 평산포, 지세포, 사량, 당포, 조라포, 안골포, 미조항, 상주포, 곡포, 소비포, 가덕, 삼천포, 천성포, 율포.

전라좌수영

- 5관: 순천, 광양, 낙안, 보성, 흥양.

- 5진포: 방답, 여도, 사도, 발포, 녹도.

2

경상우수영 지(址) 오아포(烏兒浦)

임진왜란 당시에 경상우수영이 있던 오아포를 찾아 나선다.

지금은 오아포보다 가배량, 가배량성(加背梁城)이라 해야 알지만, 임진왜란 당시에는 오아포라 하여 경상우도 수군절도사 영(營)이 설치되어 남해안을 방비하던 중요한 군사 요충지였다.

오아포가 있는 거제 남부는 천 년 전에도 동아시아 해상 교통의 요해처였고, 고려 말에는 일본 정벌을 위하여 몽골군과 함께 려몽연합군이 훈련을 했던 군사 요충지이기도 했던 중요 거점이건만, 지금은 이를 아는 이는 거의 없고 가배항 쪽으로 깊숙이 들어온 해안의 이름으로만 남아있을 뿐이다. 임진왜란 당시에 조선 수군의 주력이었던 경상우수영 자리인 오아포 일대를 지금은 '가배'라 부르는데, 행정구역상으로는 거제시 동부면 남서로에 위치한다.

오아포는 조선 세조 때 왜구의 침입을 방어하기 위하여 거제에 7진을 설치하고 경상우도 수군절도사 영을 오아포에 설치하였다고 하고, 지금 흔적만 남아있는 가배(오아포)성은 성종 때 축조한 것으로 기록된다.

오아포 이전 1470년경에는 바로 앞에 보이는 섬, 산달(山達)도에도 한때 수군절도사영이 있었던 적이 있지만, 오아포는 조선 수군의 주력, 경상우수영이 자리 잡고 남해를 굳건히 지켜온 터전인 것이다.

경상우수영뿐만이 아니다. 이순신이 한산도로 삼도수군통제영을 옮기기 전에도, 배설이 칠천량 전투 이후 한산도 통제영을 불태운 후에도 잠시 통제영으로 삼았고, 임진왜란이 끝나고 5대 통제사 유형(柳珩)이 통제영을 춘원포로 옮기기 전에도 잠시 통제영으로 쓰였던 조선 수군의 심장이고 기간이던 땅이다.

오아포는 까마귀 개(浦)라 하여 오아포(烏兒浦)가 되었으며, 선조 37년(1603년) 6대 통제사 이경준이 지금의 통제영 자리인 고성현 두룡포(현 통영)로 옮겨가고, 고성 남쪽에 있던 가배량 진을 오아포로 옮겨오면서 이곳을 가배량이라 부르게 되었다.

그런 역사는 다 어디로 가버리고, 그 시대를 지켜냈던 영웅호걸들도 다 묻혀버리고 그 중의 한 사람인 원균의 흔적도 찾을 길이 없다. 역사를 왜곡하려는 자들의 붓장난으로, 자신들의 목적에 의하여 당쟁의 제물이 되어 세월 속으로 흘러가 버리는 게 너무나 안타깝다.

오아포, 아니 가배량 항은 너무나 고요하다. 물결마저 잔잔하여 적막하기까지 한 건 어떤 이유일까?

그 옛날 바다를 가득 메웠을 수많은 전함과 국가를 위해서라면 목숨 같은 건 초개와 같이 생각했을 수군 전사들의 자취는 아랑곳하지 않는 듯 무심한 포구가 원망스럽기까지 하다.

오아포는 거제도 남쪽, 남남서쪽 남부면과 거제면 사이 동부면 남서로에 위치한다. 해발 565m의 노자산이 남서쪽으로 흘러내리다 깊숙이 들어온 해안이 오아포다. 바로 앞바다에 수군 훈련장이었다는 산달도가 있고 견내량을 사이로 한산도가 맞은편에 보인다.

성안에 있었을 듯싶은 가배마을이 거제만을 향하고 있는데, 성은 허물어져 폐허가 되어 흔적을 찾기 쉽지 않지만 가베리 어촌마을에서 포장도로를 따라 남쪽으로 언덕배기 마루에 서서 오른쪽으로 밭 사이로 난 길을 100m 남짓 따라가면 원형에 가까운 성곽이 잘 보이고 공격을 위하여 불쑥 튀어나온 치(雉)도 볼 수 있고, 우수영 시절 군선으로 가득했을 거제만이 한눈에 들어온다.

산봉우리에는 망루터로 추정되는 흔적도 남아있고, 성안에서는 기와 조각, 우수영 관아 터에서는 주춧돌로 보이는 유물들이 보인다. 4백여 년 전, 닥쳐올 전란을 온몸으로 막아내야 했던 원균 장군의 고뇌를 한 가닥이나마 같이 생각하며 체감할 수 있는 듯하다. 거제문화원 원동주 원장의 말에 의하면 벌써 오래된 이야기지만 가배량 성에서 먼발치로 해안가에는 우수영 당시에 병장기를 만들고 선박을 수리하였던 대장간 같은 흔적들이 더러 있었는데 아무도 아는 이 없고 관심도 없어 찾을 길이 막연하다.

무심한 후손들로 유적은 파헤쳐지고, 필주(筆誅)한 자들에 의하여 역사가 가려지는 오늘을 통탄한다. 그래도 조선의 남해를 철통같이 방어한 경상우수영 터를 돌아보고 혹시나 하며 기대했던 원균 장군의 체취는 마음으로만 느끼는 정도일 뿐, 어디에도 남아 있지 않아 떨어지지 않는 발길을 거제면 관아로 옮긴다.

| 그 옛날 우리 수군 본진의 영예는 어디 가고 흩어진 성곽만 남아 뒹구는 오아포 경상
우수영 터

| 백척간두에 선 조국을 걱정하며 원균이 바라보았을 우수영의 달

　몇 년 전, 진도를 방문하는 길에 울돌목을 지나게 되었다. 울돌
목을 사이에 두고 진도군과 해남군이 명량대첩과 이순신을 서로 자
기 군의 역사이며 자랑이라고 경쟁하였다. 양쪽이 다 공원을 만들

훼손되고 숨겨진 경상우수영과 원균의 흔적

고, 동상을 세우고…. 참으로 좋은 일이다.

포르투갈 리스본항에 가면 희망봉을 향하여 선 바스코 다 가마의 동상이 서 있다. 희망봉을 넘어 인도로 가는 항로를 개척한 그를 통하여 포르투갈 국민들은 일류 국가를 이룬 자부심을 누린다.

경상도와 거제도는 무엇을 하는가? 천 년 이상의 세월 동안 해상 교통의 요지였고, 조선 수군의 전진 기지였으며, 임진왜란 동안 경상우수영이자 통제영이 있던 자랑스러운 땅, 오아포를 방치하는 것이 이해가 가지 않는다.

ㅣ 고려 시대 이후로 수군의 조련장이 되었을 산달도와 앞바다

오아포는 후에 가배로 이름이 바뀌었지만, 임진왜란 중에는 조선 수군의 주력이었던 경상우수영과 통제영이 있던 곳은 물론, 고려 말부터 해상 교통의 요충지였고 여몽 연합군의 후원지였으며, 대마도 정벌군의 출발지로 고려 시대 이후 우리 수군의 근거지였음은 바뀌지 않는 사실이다.

3

방치된 7진 성곽과
5개 왜성 터

「거제읍지」에는 원균이 임진왜란이 발발하기 9년 전인 1583년에 거제 현령을 지냈다고 나온다. 그래서 그는 조선 수군의 주 전쟁터였던 거제 앞바다의 지리와 물길을 환히 꿰뚫고 있었고 이는 곧 임진왜란 당시 해전 승리의 원동력이 된 것이다.

『삼국지』에 관우와 장비가 있었듯이 조선 수군에는 후에 7대 통제사가 된 옥포 만호 이운용과 10대 통제사를 지낸 영등포 만호 우치적이 있었다. 거제도의 수군은 왜구들과의 잦은 전투를 통해 실전 경험이 풍부한 강병(强兵)이었으므로 임진 해전의 위대한 승리가 가능했던 것이다. 실제 이 두 장수는 원균의 휘하로 좌 이운용, 우 우치적으로 초기 임진해전을 눈부시게 치러낸 우리 수군의 핵심 전력이었다. 개전 초 비록 이순신의 전함 수가 많다고 하지만, 원균의 경상우수영 군이 전투를 주도한 것은 이곳 지리에 익숙하였고 왜구와의 오랜 실전 경험을 바탕으로 강한 전력을 갖추었기 때문이다.

그러나 역사는 이순신 한 사람의 치적으로 장식하는 데 급급하여 이들의 흔적은 거의 남아 있지 않다. 관우, 장비 없이 『삼국지』가 가능했을까? 얼마나 재미가 없고 심심했을까?

흔적마저 찾기 힘들 정도로 방치되고 흩어져 버린 현장이지만, 아니 어쩌면 의도적으로 숨기고 싶었던 그들의 발자취를 따라 다시 발길을 옮긴다.

가배성에서 멀지 않은 거제면 사무소 앞에 가면 조선 초 세조 때 세웠다는 거제현 관아(官衙)가 있다. 원래는 고현성에 있었던 행정과 군사를 총괄하던 기성관(岐城官)을 임진왜란 때 고현성이 불타고 함락되면서 1664년(현종 5년)에 이곳으로 옮겨와 1984년에 오늘의 모습으로 복원하여 사적으로 지정되어 있다.

기성은 거제의 옛 이름으로 기성관(岐城官)은 성종 19년(1488년)에 경상우도 수군절도사 영으로 축성하고 7진의 군영 본부로 사용된 거제 관아(官衙)이다. 여기서 7진이라 하면 조선 시대 옥포, 가배, 조라, 영등, 장목, 지세포, 율포에 진을 개설하여 왜구의 침입을 막기 위하여 설치한 해안 방어 기지다.

관아 정문을 들어서면 석재와 철재로 된 14기의 송덕비가 우선 눈에 들어온다. 전란을 거치며 여러 곳에서 옮겨 온 것이라 하지만 원균의 송덕비는 거기에도 없었다. 27칸 규모의 기성관 아래로 육방 관속들의 집무소로 쓰였던 질청까지 겸비한 거제 관아는 그 옛날의 역사를 아는지 아무런 말이 없이 적막한 저녁을 맞이할 뿐이다.

임진왜란 최초의 해전이 벌어진 옥포! 이운용 장군이 옥포만호로 참전을 하여 승리를 이끌었던 전쟁터는 지금은 대우조선소가 들어서 당시의 바다 현장은 상상하기가 쉽지 않다.

다만 고현에서 장승포로 가는 도중에 옥포마을 중앙로 교회 앞 민가와 도로변 담장 주위에 간혹 성의 축대로 보이는 성벽의 일부가 남아 있을 뿐이다. 대우조선이 들어선 옥포만을 빠져나오다 동북쪽 끝에 옥포대첩기념공원이 있다. 이곳에는 옥포대첩 기념탑이 있는데, 원래는 옥포만이 내려다보이는 당등산에 있던 것을 대우조선이 들어서면서 두 번째 옮겨와 1996년에 이곳에 세운 것이다.

전승탑 기념비를 알리는 글에는 예의 이순신만 있을 뿐, 원균은 배 한 척을 가지고 참전했다는 잘못된 기록 한 구절만이 남아 있고 이곳 만호로 선봉에서 왜군을 척결한 이운용의 이야기는 없었다. 역사는 이렇게 승자 독식의 전유물이 되고 역사학자라는 자들은 권력의 시녀이기를 마다치 않는 비굴함에 비통하게 돌아설 뿐이다.

다음으로 임진왜란과 정유재란의 격전지이고 우치적이 만호로 있던 영등포를 찾는다. 영등포는 지금의 장목면 구영리의 옛 지명이다. 구영이라는 이름에 옛 수영이 있었음을 짐작한다. 우치적은 이운용과 함께 원균의 장수로 임진왜란과 정유재란 내내 모든 해전에서 항상 선봉의 자리를 내놓지 않은 맹장이다.

영등포진 성은 바다를 내려다보고 대봉산(257m) 정상에서 조금 내려간 위치(234m)에 있지만, 지금은 온전한 성곽 형태는 찾기가 힘들다. 더구나 조선 시대 축성된 영등포 성은 그 후 일본에 의하여 왜성으로 혼합되어 개축되었기 때문에 그 흔적은 없어지고 석물만이 해안가를 뒹굴고 있을 뿐이다.

장목면 구영리 해안도로를 따라가다 구영리 어촌마을에서 오른쪽 구영2길 골목을 오르면 구영교회가 보이고, 여기서부터 여기저기 성곽을 형성했던 흔적이 보인다. 교회를 지나 맨 끝 민가에는 담장과 축대로 문루의 일부를 그대로 사용하는 등, 산 밑까지 여기저기 무척 넓은 지역에 성에 사용되었던 돌들이 흩어져 있어 그 규모가 상당함을 말해주지만 지금은 우리 성도 왜 성도 아무것도 가늠할 수가 없어 안타까울 뿐이다.

영등포는 거제도의 제일 북쪽에 위치하면서 바다 건너 진해, 김해 쪽의 웅천, 안골포와 직접 연결되는 전략적 요충지로서 전쟁에서는 절대 놓칠 수 없는 핵심 거점이다.

지금도 저도와 가덕도를 지나 부산과 연결되는 거가대교의 출발점 서북쪽에 위치하고 있고, 거제도 북단 장목면에만 영등포 왜성, 송진포 왜성, 장문포 왜성 등 세 곳에 왜성을 층층히 쌓아 조선 수군의 동태를 살피고 배후를 확보하여 활동을 억제하는 등 왜(倭)로서도 절대 양보할 수 없는 전략 거점임을 말해주고 있다. 그 옛날 양국의 수군이 전력을 다해 싸웠을 해변을 거닐면서 이러한 상상을 한다는 것은 지나친 것일까?

영등포 왜성은 한산대첩 이후 일본 장수 시마즈 요시히로(島津義弘)에 의하여 축성된 것으로, 이 자에 의하여 칠전량 패전도, 노량 해전에서 이순신의 전사도 연유되었다고 할 수 있다. 역사에는 가정이 없다지만 영등포 일대만 완전히 장악했더라면 이순신의 전사도, 원균의 칠전량 패전도 없지 않았나 하는 아쉬움을 금할 수 없다.

| **영등포진 성**: 지금은 흔적만 남아 있는 영등포진 성터, 왜성의 흔적은 찾을 길이 없다.

시마즈는 정유재란 때 1,000여 척의 일본 전선(戰船)을 집결시켜 연합함대를 이끌고 칠천량 해전에서 조선함대를 격파하였으며, 이 순신이 전사한 노량 해전에서는 조명 연합함대에 맞서 일본 측의 지휘관을 맡은 임진왜란 후반에 일본 측의 맹장이기 때문이다. 또 문화적으로 보면 이 자에 의하여 조선 도공 80여 명이 일본에 강제 이주되어 일본 도자기의 꽃을 피우는 계기가 되기도 했다.

| 영등포진 성터와 흩어진 왜성 흔적

치욕의 역사도 역사이고 소중한 교훈이다.

장목면에서 해안을 타고 내려오다 보면 하청면 실전항에 이른다. 여기서 칠천 연육교를 건너면 원균에게는 최대의 치욕이 된 칠천량 패전의 땅 칠천도가 된다.

거제도에서 진해만 쪽을 보면 서편 섬으로 평화롭고 아름다운 섬이지만, 거제와 이 섬 사이에 좁은 바다가 선조 30년(1597년) 7월 16일, 조선 수군으로서는 최대의 패전을 겪은 바로 그 전쟁터이다. 치욕의 해전이었고, 이 전투에서 원균도 전사를 했다.

다리를 건너 해안을 따라 옥계마을을 지나 바다로 뻗어 나간 언덕에 '칠천량해전 공원 전시관'이 얼마 전에 들어서 그날의 의미를 전시물과 영상물로 전해주고 있었다. 의미 있는 기획이다.

공원에서 내려다보이는 좁은 바다에는 그날의 치열했던 전투 현장이나 아비규환 같은 울부짖음은 어디 가고, 하얀 양식장 부표만 햇빛에 반사되어 너무나 한가롭다. 그날의 칠흑 같은 밤, 칠천도에 목을 쥐고 왜병들이 쏟아져 내려왔던 바로 머리맡에 장문포 왜성과 송진포 왜성까지 돌아본다.

이제 두 곳 성터를 더 돌아보고 거제를 떠나기로 하였다.

구 거제 대교 아래 사등면 덕호리 267 일대에 견내량 왜성(광리 왜성) 터를 찾았지만, 어디에도 성의 흔적은 남아 있지 않았다. 평지인 바닷가에 토성으로 축조하여 불과 30리 남짓 거리에 우리 수군 통제영이 있던 한산도의 목구멍에 가시 역할을 하며 조선 수군의 동태를 감시하고 경계했을 성터에는 얕은 흙더미와 해자로 사용됐을

듯한 수로 흔적만 무심하게 남아 있을 뿐이다.

　지금은 외도(外島) 등지로 떠나는 관광선의 출발지가 되어버린 지세포 항, 선창 마을 뒷산에도 조선 석축 산성인 지세포 산성이 있다. 선창마을 입구에서 작은 집들 사이로 난 골목길을 꼬불꼬불 올라간다. 작은 전답과 옛날 성에 쓰였을 돌들로 만들어진 축대를 밟고 올라서니 시야가 트이고 넓은 성터와 성곽이 보인다. 다행히 시에서 지세포 성 복원 계획으로 벌목을 하고 성곽을 정리하려는 모양이다. 상당한 규모의 성곽과 돌들이 그 옛날의 왜구들을 막아 내던 성이었음을 짐작하게 한다. 늦게나마 시에서 성곽을 복원하려 한다니 참으로 다행이라는 생각이 들었다.

　성곽을 따라 한 바퀴 돌아보니 발아래로 푸른 남해가 한눈에 들어오고 지세포항으로 출입하는 선박과 인원이 손바닥 보듯 일목요연하다.

　지세포 성은 왜가 별도로 성곽을 쌓지는 않고 보수하여 그대로 사용하였다고 하지만 왜성 가는 곳곳마다 어쩌면 하나같이 바다가 발 앞이고 물동이 쉽게 잡히는 요충지인지 그저 놀라울 뿐이다.

| 지세포 성곽, 지세포 앞바다가 한눈에 들어오는 허물어진 성터이다.

고려 이후로 우리 수군의 남방 방어선이었던 거제도에는 원균은 물론, 임진왜란의 관우도 장비의 흔적도 없었다.

오아포 인근 거제도 남부는 1,000년 전부터도 동아시아 해상교통의 요해처로, 고려 말에는 고려와 몽고의 연합 함대가 일본정벌을 위하여 이곳에서 실전 훈련을 하며 출정 준비를 하고, 세종 때는 이종무가 대마도 정벌을 위하여 이곳에서 출정을 한 곳이건만 아무데도 그와 같은 역사적 흔적은 없었다.

임진왜란을 통하여 수많은 해전의 출발점이 된 경상우수영의 흔적도 어디에서도 찾을 수가 없었다. 오히려 지금 조선 수군의 핵심과 같이 인식되는 한산도는 이순신이 통제사가 된 이후부터 칠전량 패전까지 잠시 수군 지휘부가 있던 곳이건만 역사는 그렇게 본말이 전도되어 흐른다.

너무나 평범한 포구이고 바닷가에는 갈매기만 오고 갈 뿐 파도만이 무심하게 일렁이고 있다. 의도된 은폐이고 말살이 아니고는 이렇게 철저히 숨겨질 수는 없는 것이다. 당시 조정의 권력자 유성룡의 의도대로 자신의 구차한 변명과 이를 뒷받침하기 위하여, 또 이순신을 희대의 영웅으로 만들기 위하여 그렇게 한 것일까? 동인(남인)의 영수로 군부의 권력이 원균을 통하여 서인으로 넘어가는 것을 철저히 막기 위해 가진 모략과 흉계가 동원된 것으로 보인다.

그 이후 영조와 정조, 일제강점기, 이승만, 박정희의 시대가 이어지며 모두 같은 목적으로 이순신은 영웅으로 만들어졌고 원균은 이에 희생되어야 했다. 그를 위하여 우리 수군의 발상지인 거제도 남단 경상우수영지나 거제도 내의 수많은 수군의 유적지도 같이 가려지고 묻혀야 했던 것이다.

　지금도 수많은 산성과 진지의 흔적이 요소마다 널려 있지만, 어느 곳 하나 제대로 보존되거나 정비하려는 노력이 보이지 않았다. 대통령이 둘이나 나온 땅인지 의심이 가는 대목이기도 하다.

4

강화 회담 중 허송세월한 조정과
이순신이 자신도 죽이고
칠천량 패전도…

섬의 이름이나 역사적인 역할들이 참으로 우연이라고만은 할 수 없는 일이다. 그 옛날 우리 수군의 발상지였고 출진의 역사적인 고장이 지금은 세계적인 조선소로 가득 차버린 것은 우연이기만 할까? 거제를 떠나기 위하여 칠흑같이 어두운 밤바다 위로 가로등이 눈부신 거제대교를 지나며 이런 결론을 내려 본다.

조정과 도원수 권율에게 곤장까지 맞아가며 출정을 강요받았던 원균의 마음은 어떠했을까? 그는 이 자리가 자신이 죽을 자리인 것을 알고 출정을 했다고 한다.

우리 셋만 죽으면 되지, 부하들과 백성은 죽일 수 없다는 만류에 죽음을 예감하고 나선 칠천량 전투에서 원균은 대패한다. 임진왜란 중 조선 수군의 유일한 패전이라는 오명과 함께….

앞에서 제시한 왜성 분포도를 참조하면 칠천량 패전을 단순히 원균의 패전으로만 보아야 하는지 의문이 든다. 독자에게, 아니 유사 이래 정권의 시녀가 되기를 마다치 않았던 비열한 역사가들에게 물어본다.

조명 연합군이 승승장구하다 선조 26년(1593년) 1월 27일 벽제관 전투에서 대패하고, 한양으로 모여든 왜군 역시 독산성 전투, 행주 전투, 노원평과 사한리 전투에서 연패하며 같은 해 4월 20일에는 한 양에서 후퇴를 한다. 명도, 왜도 쌍방 간의 전쟁 피로와 군수물자 부족 등의 이유로 강화 회담의 필요성을 인식하게 되어 강화 회담 을 시작한다.

이때 왜는 조선의 남부 4도를 할애할 것을 요구하며 남쪽으로 내 려가 왜성을 쌓고 둔전을 하며 장기전에 대비한다. 왜성의 수가 31개 에 이르며 대부분 조선 수군의 활동 무대인 남해안 내해를 내려다보 고 산등성이에 쌓았다. 하나같이 기막힌 입지에 자리하고 있다.

31개 중 순천 왜성 하나를 제외하고는 전부 경상남도에 있으며 경주에서부터 시작하여 순천까지 이르러 펼쳐져 있다. 거제 5개, 가 덕도 1개를 포함하면 6개이고 건너편 마산, 진해에 5개, 남해, 사천, 당포(통영 미륵도), 고성에 이르기까지 15개 이상의 왜성을 그물 치듯 총총히 박아놓아, 경상우수영 지역만이 아니라 임진왜란 내내 조선 수군과 왜 수군이 싸운 해전(海戰) 터를 둘러싸고 펼쳐져 있다. 통제 영이 있던 한산도에서 가토 기요마사를 잡으러 부산 앞바다까지 가 려면 이 우거진 숲 같은 왜성 사이를 지나가야 한다.

이순신도 그렇고 원균도 같은 주장을 하였지만, 가토 가요마사를 잡으러 부산 앞바다까지 출정을 하려면 반드시 수륙 병진 작전을 펼 쳐야 하는 이유가 지도상 왜성의 위치를 보면 자명해지는 것이다.

왜성에서 내려다보면 조선 수군의 움직임을 손바닥 보듯 파악할 수 있고, 어디서든 해전이 일어나더라도 배후로 기습을 감행하여 조선 수군은 독 안에 든 쥐 격이 되기 때문이다.

하나밖에 없는 아들을 앞세우고, 자신의 죽음을 미리 예감하면서 부산 앞바다로 출정하는 원균의 심정은 어떠했을까? 마치 호랑이 아가리로 들어가는 심정 같았으리라.

이중간첩 요시라의 반계에 의한 일이지만, 칠천량 패전은 절대로 원균의 패전이 아니다.

첫째로, 이러한 적의 왜성 포진을 무시하고 무리한 독전을 강요한 무능한 조정과 도원수 권율이 원균과 조선 수군을 사지로 내몬 것이다. 칠천량 패전은 바로 일본의 오랜 계획에 조선 수군이 맞추어 준 격이다.

경상도 내해를 두고 양쪽 해변의 왜성에서 조선 수군의 동태를 손바닥 보듯 파악하고 가덕도와 거제도 3개 왜성에서 배후가 되어 야간에 기습을 하므로 손 한번 제대로 못 쓰고 패할 수밖에 없었던 것이다.

둘째로, 당시 조정의 실권을 잡고 있던 유성룡은 일본이 조선의 남쪽 4개 도를 할애할 것을 요청해 온 강화 회담에 표면적으로는 반대를 했지만 근본적으로는 평화회담을 지지하는 명의 편이었다.

우연이었을까? 강화 회담이 시작된 1593년 4월 이후, 특히 이순신이 통제사가 된 이후는 거의 해전이 없었다. 이순신은 파직될 때까지 근 3년 동안 그는 도대체 한산도에 칩거하며 무엇을 했단 말인가? 명의 입장에 서서 강화 회담을 지지하던 유성룡의 뜻에 따라 전쟁을 회피하고 강화 회담의 성사 여부를 기다린 모양새다.

오늘날 이순신을 수식하는 대표적인 직함인 삼도 수군통제사가 되어서 파직되기 전까지 도대체 무슨 전투를 했단 말인가? 싸움을 피하는 군인은 군인이 아니고 장수가 아닌 것이다.

셋째로, 앞에서 제시한 왜성 분포도를 자세히 보면 왜성이 들어선 지역은 임진왜란 중 해상전투의 대부분이 치러진 경남 남해 해안으로 조선 수군의 승전지역이다.

안골포, 웅천, 사천, 남해, 영등포 등 경남 남해 해안과 거제도 사이에 다도해 내해(內海)지역인데, 이 승전 지역에 모두 왜성이 축성되어 왜의 수중에 들어갔다는 이야기이다. 참으로 기가 막힌 이야기가 아닌가.

당시 해안과 도서 지역은 행정과 군사업무를 총괄하여 만호와 수사의 관장 하에 수군이 백성을 다스리던 시대인데, 강화 회담이 진행되는 동안 그냥 한 번 바다에서 싸워 본 것일 뿐, 바닷가 전략 요충지는 다 일본에 내어주고 왜성을 축조하도록 방관한 것인지, 포기한 것인지, 도대체 이해가 안 되는 부분이다. 이순신이 제해권을 장악했다 하면서, 그렇게 요란하게 승전기록으로 치장하면서 31개 왜성을 승전지에 쌓았다면 납득이 가는 이야기인가? 한산도에 칩거하며 외면하고 있었는지? 조정은 무엇을 했는지? 직무유기는 아닐까? 크나큰 잘못이 틀림없다.

결국 칠천량의 패전도, 노량에서의 순천 왜성과 연계된 해전에서 이순신이 전사한 것도, 일본은 강화 회담 기간 중 일본으로 돌아가 새로운 개념의 선박을 건조하고 경상도 남해안에 장기전을 준비하여 왜성을 쌓고 둔전을 하는 등 정유 재침을 위하여 철저히 준비하는 동안 아무런 준비 없이 자만에 빠져 허송세월한 조선 수군과 조선 조정에 큰 책임을 묻지 않을 수 없다. 그 꼭대기에는 3년 동안 거의 전쟁을 하지 않은 통제사 이순신과 조정의 모든 권한을 가졌던 유성룡이 있음을 부인할 수가 없다.

사정이 이럴진대 한 전쟁터의 두 영웅을 극명하게 대조하는 것은 선조 때 치열했던 당쟁 때문이 아닐까? 그리고 그 수반에 유성룡이 있어서인지 모른다는 생각이 든다.

4백여 년이 지나도록 수많은 역사가, 군사 전문가는 왜 이런 생각을 하지 않았을까? 그들은 정말 비겁하고 치사한 시대에 영합하고 권력에 아첨하는 그런 인물들인가? 이순신을 극찬했다는 영국의 넬슨과 일본의 도조 히데키(東條英機)는 이런 사실을 알았을까?

아니, 이마저도 이순신 만들기에 광분한 자들이 지어낸 말인지도 모른다. 문득 그 시대 극심한 당파 싸움에 환멸을 느껴 벼슬을 버리고 주유천하의 길을 선택한 백호 임제(林悌)의 황진이를 그리는「청초 우거진 골에」시조를 떠올리며 대문장가의 심정을 헤아려 본다.

또 다른 의문을 가지고 고심을 하는 사이에 버스는 전쟁이 끝난 후 6대 통제사 이경준이 통제영을 옮겨 설치한 통영에 닿는다.

처음 거제도로 출발을 하면서 원균에 대한 흔적과 경상우수영에 대한 유적을 그래도 조금은 찾아볼 수 있으리라는 기대는 거의 접었다.

소득이라면 임진왜란이 발발하고 23일이 지나 옥포 해전을 치르기 전까지 원균 휘하에 경상우수영의 장병들이 혼연일체가 되어 경상도 내해를 굳건히 지켰다는 확신과 함께 임진왜란 중 대부분의 해전이 개전 초(1592~1593년)에 경상우수영 관내에서 벌어졌고 승전을 하였는데, 이 전쟁의 주역은 경상우수영의 장병들이고 그들의 공이었다는 데 확고한 신념이 생긴 것이다. 또 그 기저에는 평소에 거제도에서 경험한 왜구들과의 전투 경험이 바탕이 되었다고 확신을 하게 되었다.

평택시 도일동에 있는 원균의 묘는 시신이 없는 가묘다.

원균이 칠천량 해전에서 패하고 고성 춘원포로 상륙하여 패주하는 도중, 목이 없는 시신이 되어 묻혔다고 전해지는 원균의 묘는 지금 통영시 광도면 황리 소나무 숲 주위에 오래된 무덤, 머리 없는 무덤으로 남아있다고 전해지나 확인할 길이 없다. 어떤 이는 황리가 아니라 예송리라고도 한다. 이번 길에는 여유가 없어 다음 기회로 미루게 됨이 무척이나 아쉽다.

5

전쟁이 없었던 통제영(統制營)

통영 여객선 터미널에서 페리를 타고 20분 남짓, 한산도 제승당 선착장에 닿는다. 매표소에서 표를 끊고 한산 문을 들어서니 제승당으로 가는 진입로 초입이다. 오른쪽으로 푸른 바다를 끼고 황토색으로 잘 포장된 길을 돌아 따라가며 아름드리 소나무와 활엽수로 우거진 숲이 너무나 아름답다.

조선시대 수병 차림의 보초가 지키고 선 대첩문(大捷門)을 얼마 지나니 제승당(制勝堂)으로 들어가는 충무문(忠武門)이다. 충무문을 올라서니 제승당 마당에 이른다. 임진왜란 당시인 1593년 8월 15일 이순신 장군이 삼도 통제사에 오르면서부터 1597년 7월 칠천량 해전의 패퇴로 배설에 의하여 불타기 전까지 조선 수군의 삼도 통제영이 있던 자리다. 제승당은 당시에는 운주당(運籌堂)이 있던 자리에 한산 대첩의 승리를 기리기 위하여 그 후에 새로 짓고 1976년에 중건을 했다.

임진왜란 당시에 삼도 통제영을 보고 싶었다. 그 당시에 치열하고 급박했던 전투 현장의 편린(片鱗)이라도… 400년이 훨씬 지나 무엇이 남아있겠거니 생각은 했지만 그래도 무언가 상상의 실마리라도 찾고 싶어서 다시 왔다.

특히 유성룡이 원균을 헐뜯으려고 첩실을 데려다 기거를 하고 출입을 못 하도록 줄을 쳐놓았다느니 하고, 그 후 김훈은 한술 더 떠서 그의 소설 『칼의 노래』에서 배설이 한산도 통제영에 불 지를 때 불에 그슬린 기생의 시신이 열 구가 나왔다고 한 운주당을 확인하고 싶었다.

운주당이란 이름은 이순신이 전쟁터를 옮겨 다닐 때마다 자신의 거처를 운주당이라 이름하여 불렀다 하고, 당시에는 이순신이 통제사로 군무를 보고 작전을 지휘하던 지휘소로 사용했던 통제영의 핵심 건물이었다.

그 어디를 봐도 살림을 할 만한 생활공간이 있을 자리가 못 되는 곳이다. 더구나 당시에는 한산도에 거의 사람이 살지 않았다고 하니 따로 민가가 있을 리도 없고 모두가 헛소리다. 운주당이 있던 자리에는 지금은 유허비만 남아 제승당이 들어서 있음을 말해주고 있다. 안으로 들어서니 삼도 수군을 지휘하던 곳답게 〈한산해전도〉 등 전투 장면을 그린 다섯 폭의 벽화로 이곳이 통제영 본영이었음을 확인해준다.

제승당을 나와 산 쪽을 보고 서면 맞은편 끝에 충무사가 있다. 이순신의 영정을 모시고 매년 2회씩 제향을 올리는 사당이다. 향로에 향을 피우고 두 번 합장을 하고 한참을 고개 숙여 그 옛날 의롭게 일본군을 대적해 싸우신 장군에 명운을 빌었다. 다시 돌아와 제승당 앞에 서니 왼쪽 바닷가에 한산정이 보인다. 장군이 막료들과 활을 쏘던 활터로 전쟁 중 이곳에서 무과 시험을 보아 잠시 논쟁이 있던 곳이기도 하다.

제승당을 돌아보니, 임진왜란 그 치열했던 전쟁 중에 조선 수군의 작전사령부이자 전쟁 지휘소라기보다는 유적 공원이나 사당 같은 느낌이 더 짙게 드는 것은 무슨 연유일까? 조용한 관광지, 이순신 장군을 추모하고 그리는 유적 공원으로 그 옛날을 회상하고 그리게 되는 분위기다.

그도 그럴 것이 안내판에 기록과는 조금 다르게 이순신이 삼도 통제사가 된 것이 1593년 8월 15일이고 칠천량 해전에서 패퇴하던 배설이 불을 질러 멸실된 것이 1597년 7월 16일이었으니 약 4년 가까이 삼도 수군 통제영이 이 자리에 있었으며 그중 이순신은 1597년 1월 파직될 때까지 3년 5개월 정도 통제사로 수군을 지휘한 게 된다.

임진왜란 전사에 보면 이순신이 통제사로 한산도에 있는 동안 왜와 해전은 단 세 번 있었던 것으로 기록되어 있다. 그것도 1594년 3월 4일의 제2차 당항포 해전을 제외하고는 제1차, 2차 장문포 해전은 왜가 육지에 웅거하여 전쟁을 피하는 바람에 전투가 없이 기록으로만 남아 있을 뿐이다.

이순신이 삼도 수군통제사로서 한산도에서 치른 유일한 전투도 우리 병선은 80척인데 비하여 왜는 30척으로 상당한 전과를 올리기는 하였지만 타 해전에 비하면 그리 대단한 전투는 아니었다.

이순신은 삼도 수군통제사로 조선의 수군을 한 손에 쥐고서 3년

반이 넘도록 왜 이렇게 전투를 하지 않았을까? 의문을 가지지 않을 수가 없다. 그렇다면 한산도의 통제영은 수군 지휘소로 제 역할을 한 것일까? 아니면 이순신이 단순히 칩거를 하고 지낸 곳이 맞는가?

이런 의문을 갖는 것은 다른 의도를 가진 것이 아니라, 삼도 수군 통제사라는 새로 만든 자리와 3년 5개월이라는 세월과 왜가 강화 회담을 제의하고 한양에서 남해안으로 물러나 그들의 주력 본거지인 부산포를 강화하고 남해안을 중심으로 내해를 장악하려고 31개의 왜성을 싸면서 조선 경영을 착실히 준비하는 과정과는 너무나 납득이 안 가는 행위로 많은 의문을 가질 수밖에 없다.

물론 수도 없는 세월이 지나갔지만 당시 한산도는 사람이 거의 살지 않은 섬이었다는데, 전쟁을 준비하기 위하여 배도 만들고 보수도 하며, 무기도 만들고 준비함은 물론이고 노꾼 등 군영에 필요로 하는 수많은 인력을 충당하기도 마땅치 않았을 것이며 먹고사는 데 필수인 식재료, 땔감 등등은 어떻게 조달을 하였을지도 의문이 든다.

위치로 보아서도 부산이나 거제에서도 경상도 서쪽 끝으로 옮겼으니 전략적 가치로 보아도 공격은커녕 물러나 수비에 급급한 방어 지역에 병영의 거점을 잡지 않았나 하는 등 여러 가지 생각이 든다.

그 어디를 둘러보아도 3도의 병선과 수많은 병졸들이 한곳에 모여 훈련을 하고 지휘를 받기 위하여 모여들었을 것 같은 지형이나 터 같은 느낌이 안 드는 것은 문외한의 짧은 안목을 탓해야 할 것인가? 예를 들면 여수에 진남관(鎭南館)이나 통영의 세병관(洗兵館) 같은 병영의 그 옛날 번창했을 것 같은 흔적은 어디에도 찾아보기 힘들다.

그저 지금은 관광객이 드나드는 사당이나 유적지에 지나지 않는, 마음은 한산도가 당시로서 조선 3면의 바다를 호령하던 병영이었는지 아니면 3년여 세월 동안 서쪽 바다로만 왜적이 넘어들지 못하도록 수비만 하며 침거를 하던 곳인지 분간을 하기 어렵다. 나그네의 이런 수심을 아랑곳하지 않는 듯 시리도록 푸른 바다와 하늘이 발길을 잡아 놓는다.

바다 위에 있는 거북등대와 문어포 북쪽 산에 있는 한산대첩비! 과연 한산 대첩은 맞는 말인가?

여러 생각에 잠겨 걸음을 옮기다 보니 수루에 이른다. 통영 앞 바다가 한눈에 탁 트이는 곳에 자리한 이곳에 오니 우선 이순신의 〈한산도가(閑山島歌)〉가 떠오른다. 어쩌면 이순신보다, 한산도 통제영보다도 우리 국민의 마음을 사로잡는 노래다.

대한민국 국민이면 누구나 우국충정을, 사나이의 갈 길을 가르쳐 준 영원한 고향 같은 진중가(陣中歌)이다.

한산섬 달 밝은 밤에 수루에 혼자 앉아
큰 칼 옆에 차고 깊은 시름 하는 차에
어디서 일성호가는 남의 애를 끊나니

『청구영언』에 이순신이 지은 것으로 소개된 진중시가로 지금 서 있는 이곳이 이순신의 애국 충정하는 마음을 시로 읊은 곳인가 생각하니 마음이 울컥해진다.

　이 시(詩)가 정말 이순신이 한산도 통제영에 근무할 때 적의 동태를 주시하며 애끓는 마음에서 지었을까? 누구는 한산도에서 지은 것이 아니라 옥에서 풀려나 백의종군하던 시절인 1597년 추석 전후 전남 보성 열선루(列仙樓)에 올라 한산도 쪽을 바라보며 지었다고도 한다.

　이런 생각을 하는 것은 무척이나 주저되지만… 많은 명시, 시조가 작자를 미화하기 위하여 만들어졌다는 설도 있다.

　이순신의 이 시마저도 이순신 밑에서 막료로 명량해전과 고금도 전투에서 큰 공을 세우고 노량 해전에서 순직한, 후에 호조 참판에 증직된 황세득(黃世得)의 작품이라고 후손들이 주장하였다고 하는 이야기가 있다는 점을 남긴다. (별첨: 자료)

　황세득은 사적으로는 이순신과는 손위 4촌 동서 간이기도 하니 있을 법도 한 이야기일 거 같기도 하다.

　한산도에는 수군 통제영과 관련하여 군량미를 비축하였다는 창동, 숯과 연료를 공급하였다는 장곡마을, 병장기를 생산하였다는 야소마을, 군수품을 보관하였다는 하포마을 등이 있지만 마을 이름만으로 남아있을 뿐 당시의 유적은 아무것도 찾을 길이 없어 안타까울 뿐이다.

　※ 2010년 한국학 연구소에서 한국학 사전 편찬 개정 증보 과정에서 황세득과 관련하여 후손들이 <한산도가>의 원작자가 황세득이라는 주장이 있어 몇 차례 논란이 있었다는 후일담이 전해진다.

※ 황세득

1537년(중종 22년)~1598년(선조 31년) 조선 중기의 무신 본관은 성주다. 자는 사구(士求)이
고 직산 출신으로 부인은 상주 방씨로 이순신에게는 손위 사촌 동서 간이다. 선조 때 무
과에 급제하여 선전관, 장흥부사 등을 거쳐 임진왜란 때는 이순신을 쫓아 왜적을 방어했
다. 벽파정 전투, 고금도 전투에서 수공(首功)을 세웠으며 1598년 10월 2일에 명나라 유
정, 진린 등과 더불어 예교(曳橋) 전투에서 분전, 전사하고 호조 참판에 추증된다. 묘는 아
산 탕정면에서 천안시 직산면 마정리 용와산으로 이장했다. <한산도가>를 황세득이 지
었다는 후손들의 주장이 있어 이를 두고 몇 차례 논란이 있었다. 하지만 확인하기는 쉽
지 않다.

6

한산 대첩은
원균의 견내량 대첩

임진왜란 3대 대첩의 하나로 한산 대첩(閑山大捷)을 꼽는다.

진주 대첩, 행주 대첩과 함께 한산도 앞바다에서 조선 수군이 왜의 수군을 상대로 대승을 거둠으로 왜의 서해 진출 의도를 좌절시키고 병참 지원은 물론 수륙 연합작전을 봉쇄시키므로 실질적으로 왜의 반도 점령 의도에 타격을 주고 전쟁 수행 속도에 큰 지체를 주어 임진왜란의 전환점을 준 전투이기도 하다.

그 유명한 한산 대첩이 당시에는 견내량 해전으로 불렸다. 많은 사람들은 이런 사실을 잘 모른다. 그저 한산도에서 아니면 한산도를 근거로 한산도 앞바다에서 이순신이 한산도 통제영에서 삼도수군통제사로 전투를 지휘해 승리한 해전으로 상상을 할 것이다.

하지만 실상은 견내량 대첩이라고 표현해야 정확할 것이다. 견내량 대첩이 일어난 것은 1592년 임진왜란이 일어난 그해 7월 8일이었으니 한산도나 통제영과는 전혀 관계가 없는 일이다.

견내량은 거제시 사동면 덕호리 앞 지금은 거제대교 아래쪽의 좁은 바닷길, 해협을 말한다. 길이는 약 4㎞이고 폭은 600m의 좁은 물목이다. 임진왜란 전사에는 명량, 노량 등 '량'이 자주 나오는데 울돌목의 돌과 같은 의미의 '물목'의 표현으로 육지나 섬과 섬 사이의 좁은 해협으로 바다와 바다를 연결하는 해협을 말한다.

임진왜란 당시 우리 수군은 이 해협의 물때(물 흐름)를 이용하여 많은 승리를 거두는데 한산 대첩이라 이르는 견내량 대첩과 명량 해전, 노량 해전이 같은 전법인 것이다. 견내량은 남해안 중 물살이 가장 빠른 곳 중 하나로 고성 앞바다를 포함한 진해만 바닷물이 통영 앞바다로 흐를 물때에는 엄청나게 빠르게 흐른다.

견내량은 원균의 경상우수영 수군의 본바닥이다. 물길과 물때를 너무나 잘 알고 있다. 이운영과 우치적을 앞세워 견내량으로 왜군을 유인, 빠른 속도로 한산도 앞바다로 나오니 우리 수군이 기다렸다는 듯이 포위 섬멸한 것이다. 당황한 왜군은 배를 돌려 후퇴하려 하나 밀려드는 빠른 물살에 회군은커녕 따라오는 배에 저희끼리 부딪치고 혼란에 빠져 47척이 불타고 14척을 나포하여 커다란 승리를 거두게 된다. 이것이 한산 대첩에서 말하는 학익진법이라는 것이다. 육전에서 말하면 포위 섬멸하였다는 뜻이다.

한산 대첩이 한산도에서 바라본 바다에서 벌어진 싸움이라 이름 붙였다고 할 수도 있으나 견내량의 빠른 물살을 이용한 싸움이고 견내량 앞쪽 바다에서 벌어진 연유로 견내량 해전이라 부르는 진정한 의미이다. 이후 울돌목의 명량 해전이나 노량 해전에서도 같은 원리를 이용하여 대승을 거둔다.

그러면 상식적으로 생각을 해도 한산 대첩 아니 견내량 해전의 주인공은 누구인가? 견내량은 거제도 앞이고 경상우수영의 지역이다. 그 전쟁터는 원균의 바다이고 경상우수영의 장졸들이 지형과 물길, 물때를 손바닥 보듯 빤하게 알고 있는 터인데, 이운영과 우치적을 앞세운 원균의 경상우수영 수군이 왜선을 좁은 견내량 물길로 유인하여 한산도 바다로 끌어내어 포위 섬멸한 해전인 것이다.

마치 고속버스 터미널이나 버스 정유소에 있는 두더지 잡기 게임과 같이 두더지 목이 올라오기를 기다려 방망이로 내려쳐 잡듯이 견내량 좁은 물길에서 나오는 왜의 적선을 조선 수군이 신나게 격침하고 또 격침한 것이다.

좁고 빠른 물살의 수로를 빠져나오자 눈앞에는 바로 적이고 돌아설 수도 없는 상황에서 달리 손 쓸 수도 없이 그대로 당할 수만이 없는 왜의 수군은 그대로 패전의 길뿐이었다.

이 기막힌 지형과 빠른 물살, 물때를 누가 알 수 있었을까? 왜의 수군을 견내량으로 유인하여 뒤도 돌아볼 사이도 없이 빠른 물살에 몰아넣어 한산도 앞바다로 토해낸 기막힌 전략이 경상 우수영 장졸, 아니 원균으로부터가 아니면 나올 수가 없는 전투 상황인 것이다.

원균은 이미 거제 현령을 지내고 경상우수사로 거제 앞바다의 지리와 물길, 물때를 손바닥 보듯이 훤히 꿰뚫고 있기에 가능한 것이다. 실제 이순신이 경상도 앞바다의 물길이나 물살을 전혀 알지 못한다는 증좌는 1592년(임진년) 4월 30일 장계에 나온다.

> "남해에 첨입된 평산포 등 4개 진영에 장수와 현령 등
> 은 왜적들의 얼굴을 보지도 못하고 먼저 스스로 피하
> 므로 신은 외롭고 지원된 군사로서는 경상도의 물결

이 험한지 평탄한지 알 수가 없습니다. 물길을 알려줄 만한 배도 작전을 상의할 만한 장수도 없는데 경솔하게 출항한다는 것은 천리 먼 곳에서 뜻밖에 걱정만 끼치게 될 것입니다."

불과 두 달여 전 참전을 앞두고 이순신의 불안하고 막막한 상황을 말해주는 답변이다. 그러나 역사의 기록으로 한산 대첩은 이순신의 공으로 남아있다. 이순신은 이 해전을 통하여 민족의 영웅으로 크게 기록된다.

전라 좌수사로 비록 병선의 수는 경상 우수영보다 훨씬 많았다 하더라도 그는 한 번도 경상도 바다를 와보지도, 옥포 해전 이전에는 경상도 바다에서 전투를 경험하지도 않았는데 견내량의 물때와 지리를 알고 이런 기막힌 전쟁을 치를 수 있었을까?

믿어지지 않는다. 남의 마당에서 치러진 전투인데… 주장(主將)이 있고 도움을 준 참전 장이 있는 것이 아닌가? 이것을 두고 주객이 전도되었다 하는 것이다. 한산 대첩은 견내량 대첩으로 불려야 한다. 학익진도 중요했지만 견내량의 좁은 바닷길과 빠른 물살이 없이는 불가능한 승리였으므로 승리의 원동력이 된 견내량의 이름을 따서 견내량 해전으로, 견내량 대첩으로 불려야 한다.

그리고 이 전쟁의 영웅도 경상우수영 장졸과 원균에게 돌려주어야 한다. 물론 이순신이 그런 의도도, 원하지도 않았을 것이다. 그의 의도와는 전혀 다르게 그 이후에 정치적 의도와 당쟁에 휘말려 역사가 왜곡되고 각색이 되어 원균의 전공이 도둑 맞아 엉뚱한 사람의 몫으로 변하여 자리 잡고 있음이 통탄스러울 뿐이다.

임진왜란이 있고 그 당시에는 이렇게까지 깡그리 역사를 뒤엎어 놓지는 않았다. 임진왜란 초기의 해전은 경상도 앞바다의 지리와 물때에 익숙한 원균의 공으로 인정한 기록이고 아무도 그를 의심치 않았으나 그 후에 정략에 따라, 목적에 부합하도록 역사적 왜곡이 그 도를 심화해 가면서 각색되고 부풀려졌다고 봐야 한다. 한산 대첩이 원균의 공이었다는 역사적 근거로 한치윤이 쓴『해동역사(海東歷史)』와 이산해의『아계유고(鵝溪遺稿)』를 인용한다.

조선 후기 실학자 한치윤은 단군조선 이래 사실을 바탕으로 서술한 역사서『해동역사(海東歷史)』을 남겼는데, 제69권 인물고(人物考) 원균에 의하면 만력 20년(1592년 선조 25년) 수군대장 원균(元均)이 수군을 통솔하면서 한산도 앞바다에서 왜의 전함을 막아 온 힘을 다해 싸우면서 치자 왜병들이 배를 버리고 달아나 퇴각하였다. 이에 비로소 왜적의 수군과 육군이 합세치 못하고 감히 대대적인 진격이 불가능해졌다.

동인의 영수이고 유성룡 전에 영의정을 지낸 이산해의 시문집(詩文集)『아계유고(鵝溪遺稿)』제5권 시폐[10]를 전달하는 차자[11]를 인용하면서 "…임진란의 전황을 전하면서… 전투마다 패배하지 않은 전투가 없었다 하고… 지금도 사람들이 칭찬하는 것은 원균이 가덕과 한산에서 승리한 것과 이순신이 노량에서 세운 대첩이다." 하여 초

---

10) 시폐(市弊): 시의성 있는 각종 다양한 시중의 폐단
11) 차자: 간단한 서식 형식의 상소문

기 해전의 공과 한산 대첩의 전공을 원균의 몫으로 기록하고 있다.

한산 대첩(견내량 해전)이 원균 장군의 경상우수영 장졸들의 공이라는 기록이 또 있다. 이식(李植)이 누구인가? 원균을 폄하하고 앞장서서 씹어대든 그 이식이 이운용의 비문(碑文)에 이렇게 남긴다.

"임진년 7월에 적선 수백 척이 견내량을 건너려 했다.그 병세(兵勢)가 아주 강했다. 공(이운용)은 다른 장수에게 묘책을 주어서 거짓으로 달아나는 체하면서 적선들을 외양(外洋)으로 끌어냈다. 적이 외양으로 나오자 급히 뱃머리를 돌려 사방에서 들이치니 포화는 바다를 진동하고 급기야는 적선이 거의 모두 분열되었다."

이운용이 누구인가 경상우수영의 옥포만호로 원균의 선봉으로 거제 앞바다를 누빈 장수로 후에는 7대 통제사에 오른다. 이순신을 영웅화하려는 시도는 여기서 멈추지 않는다.

우리는 많은 기회에 세계 4대 해전의 하나로 한산 대첩을 꼽는 것으로 배워왔다. 기원전 480년 그리스와 페르시아의 사라미스 해전을 포함, 칼레 해전, 트라팔가 해전과 함께 한산 대첩을 세계 4대 해전으로 치부한다.

하지만 이는 어디까지나 국내용 같다. 그들의 목적상, 정치적 필요에 따라 세계 4대도 되고 3대도 된다. 그만큼 이순신을 세계에 없는 영웅으로 만들어 자신들이 목적하는 정치적 세력화 이득을 보면 된다는 생각이다. 그러나 모르지만 영어로 구글에 세계 4대 해전을 입력하고 검색해보니 답이 나오지가 않는다.

　그들만의 필요에 의하여 만든 말이 아닐까? 더구나 넬슨이 존경하는 해군 제독으로 이순신을 꼽는다는 말까지는 너무 심하지 않을까? 그가 과연 자기보다 200여 년 전 극동의 작은 나라의 이순신을 알기나 했을까? 뻥이 심해도 너무하다 싶다.

　물론 이순신의 의도와는 전혀 관계가 없다. 또 이러한 시도가 나쁘지는 않다고 본다. 국가를 위하여 미래 자손들의 긍지를 위하여 위대한 영웅을 내세우고 받드는 일에 이의를 달고 싶지는 않지만 원균의 억울함을 입증하는 자료로 인용을 하고 싶을 따름이다.

제5부

글을 마무리하며

1

임진 해전의
진정한 영웅 원균(元均)

임진왜란이 일어나고 종전이 된 지 4백여 년이 지났지만, 그 전쟁을 통틀어 이순신 한 사람만이 영웅이고 나머지 장졸들은 없다. 특히 이순신과 함께 늘 싸움터에 같이 있었고 불타는 남해에서 장렬하게 전사한 원균은 이순신을 늘 괴롭히고 힘들게 하며 시기하고, 모함이나 하는 악장(惡將)으로 표현되는 것이 오늘날까지의 세평(世評)이다.

그러나 지금까지 앞에서 살펴보았듯이 정사(正史)는 그렇지가 않다. 역사에는 가정이 없다고 하지만 원균이 없었다면 임진왜란 중 일어났던 그 많은 해전은 어떻게 되었을까? 그가 없었으면 이순신도 없었고, 임진왜란 해전의 승리도 없었을 것이다.

임진왜란 개전 초에 당시 해전을 정사인 『선조실록』에는 어떻게 기록하고 있을까? 조선 수군의 해전에 대한 최초의 기록은 '선조 25년 5월 23일 자에 전라수사 이순신이 적선을 격파하니 가자(加資)하다'라는 제목으로 "이순신이 타도까지 깊숙이 들어가 적선 40여 척을 격파하니 비변사에서 논상을 청하자 임금이 가자하라 명하였다"라 간단히 두 줄 언급하고는 한참 후인 6월 21일 자에 이르러 자세한 수군의 활동 상황이 전해진다.

동일자 기록에는 "원균이 이순신과 사전에 약속을 하여 회합을 하고 옥포 앞바다로 나갔다."로 시작하여 5월 6일 옥포대첩부터 안골포 해전까지 개전 초 여러 해전에 대하여 비교적 자세히 기록하고 있다.

이날의 기록이 처음으로 전하는 조선 수군의 자세한 전황이고 비교적 상세한 해전 기술이다.

이 기록을 분석하면 처음에는 그리 중하게 여기지 않은 해전의 한 승전으로 생각하였으나 연승으로 이어지고 조정과 백성에게 큰 기쁨이 되어 6월 21일에서 수군의 해전상황이 자세히 논의되어 기록된 것으로 보인다.

이 기록이 당시 해전의 실지 기록이며 상황이고, 장수들의 역할과 위치 등이 가감 없이 전해졌다고 보아야 할 것이다.

그렇다면 문맥으로 보아 원균이 주도하고 먼저 기술된 것으로 보아 주장(主將)으로서 위치를 의심할 여지가 없는 기술이다. 이순신의 일방적 전투수행은 아니다.

실록이 무엇인가? 혹자는 선조가 원균을 두둔하였느니 하지만 선조는 원균을 한 번도 직접 본 적이 없고, 선조가 세상을 떠나고 그 후임 임금 때 사초를 기초로 하여 기록하였음인데 징비록이나 수정실록은 물론 개인의 기록같이 사사로운 보탬과 덜함이 없는 있는 그대로의 공정한 기록으로 보아야 할 것이다.

이와 같은 임진왜란에 관한 당초 기록이나 전투 상황, 무엇을 보더라도 기여한 공이 이순신에 비하여 원균이 전혀 떨어지지 않는다고 보아야 할 것이다.

글을 마무리하며

慶尙右水使 元均, 與 全羅左水使 李舜臣, 約會閑山島,
時舜臣 以戰船八十艘, 乃於是 年五月七日 進至玉浦前
洋, 有賊船 三十余隻 ... (이하 생략)

원균은 수전(水戰)에 참여하기에 앞서 이미 북방의 오랑캐를 토벌
하여 큰 공을 세워 그의 용맹은 다음『선조실록』선조 29년 10월 21
일 기록에 보듯이 널리 알려졌으며, 그 공으로 종3품 부령부사에
초배(특진)되었다. 임진왜란이 일어나기 2개월여 전에 그 대비책으로
갑자기 경상우수사로 전임을 받은 사실만 보아도 그의 장수로서의
재목을 가늠할 수 있음이다.

정유재란을 앞두고 군신 간에 대비책을 논의하는 기록 중에 다음
과 같은 대화가 있다.

- 선조: "원균에 대하여서는 북방 오랑캐를 칠 때 익
  히 들었다. 나랏일을 위하여는 참으로 정성을 쓸 뿐
  아니라 죽음도 겁내지 않는다더군."
- 조인득(병조 참의): "소인이 일찍이 함경도 종성에서
  원균을 만나 보았는데, 비록 만 명이나 되는 적군 앞
  에서도 돌진하는 용장이었습니다."
- 선조: "그런 장수는 흔히 볼 수 없는 장수이다."

임진왜란이 발발하여서도『징비록』이나『선조수정실록』의 기록과
는 달리 각지에 파발을 보내고 이순신과 합세하여 적을 치기를 여

러 번 권고하는 한편 사천, 고성, 곤양 등지에 사람을 보내 병사를 모집하는 등, 수군(水軍) 정비에 전력을 기울였다.

앞에서도 이미 소개를 했지만, 진주인 충의공 김덕룡 장군의 행장기나 대사헌 김간의 기록 등으로도 입증이 된 바 있다.

원균은 임진왜란이 발발하기 9년 전(1583년)에 이미 거제 현령을 지낸 바 있다. 임진 해전의 중요한 승전 요인 중의 하나를 꼽으라면, 다도해의 복잡한 지리와 물길과 물때를 잘 활용한 것이라 볼 때 이미 현령을 지낸 원균에게는 전쟁터가 손바닥 보듯이 한눈에 들어왔을 것이다.

그는 이순신이 오기만을 기다리지 않고 왜적을 찾아내 닥치는 대로 무찔렀다. 당파작전으로 격파하고 화포로 불태워 적선 10척을 불태웠다고 이순신의 『임진장초』와 『선조실록』에도 남아 있다.

조경남의 『난중잡록』에도 "경상우수사 원균이 적을 많이 잡았으니 승리의 함성을 크게 떨쳤다."고 쓰고 있으며, 개전 초 원균이 세평과는 달리 적극적으로 싸워 제해권을 어느 정도 장악한 것을 말해주는 것은 선조가 그해 4월 27일, 선전관 조명(趙銘)을 통해 보낸 이순신의 참전독촉 유서(諭書)인 명흥원균합세 공적유서(命興元均合勢 功賊諭書)를 보면 입증이 된다.

"원균의 장계를 보니 여러 포구의 수군을 거느리고 나가 형세를 뽐내어 적을 격멸할 계획이니 그대는 원균과 합세하여 적을 평정하라."

이 장계의 내용에서 보면 이미 원균은 개전 초에서부터 상당한 전과와 자신을 가지고 적을 격멸할 계획을 가지고 있을 뿐 아니라 해상 장악도 하고 있음을 알 수 있다. 뿐만 아니라 이어서 벌어지는

글을 마무리하며

옥포 해전 등 연이은 해전에서 모든 계획이나 전투 장악도 원균의 경상우수영이 쥐고 수행했음을 추정할 수 있다. 그런데도『징비록』이나 그 후 많은 기록들은 임진 해전의 승리가 모두 이순신 개인의 공인 양 역사를 왜곡하고 있다.

최초의 임진 해전으로 전해지는 옥포 해전에서도 원균의 활약은 눈부시다.

옥포 전양(前洋)에서 왜적을 발견한 원균은 선봉에 서서 적의 장선(將船)이 있는 중앙을 향하여 북을 높이 울리며 돌진해 나간다. 그는 옥포 만호 이운용과 영등포 만호 우치적을 앞세우고 지금까지 초기 해전의 경험으로 당파작전으로 적을 닥치는 대로 깨트려 버렸다. 중앙이 무너지자 적장이 탄 배를 노획하고, 적장 하시바 지쿠젠노가미(羽柴筑前守)의 목을 베고 금부채, 금병풍 등 노획물까지 거두어 원균은 대승을 이끈다.

임진왜란을 통틀어 몇 번의 해전(海戰)이 있었는지도 정확지가 않다. 글을 쓰는 자에 따라서 그 목적에 맞추어 늘이기도, 줄이기도 한다.

예를 들면『난중일기』에도 없는 해전이 덕수 이씨의 영웅전『선조수정실록』에는 임진 해전으로 기록되어 있고, 이순신의 맹신도들이 글을 쓰면 일본군이 도주해 전투가 벌어지지 않은 것도 해전으로 기록하는 자들까지 있었다.

여하튼 원균은 선조 27년(1594년) 11월에 충청병마사로 전임하기까지 이순신과 대부분의 해전을 함께 치르며 왜적을 물리치고 남해를 지켜낸다. 이 모든 전투가 원균의 관할인 경상도 바다에서 이루어 졌고, 거제도 서쪽으로 왜의 수군은 한 발도 나가지를 못하였다.

원균은 늘 그랬듯이 자신이 지키는 바다라는 책임감과 무인의 천 성으로 늘 앞장서서 돌격하고 선등하여 왜의 수군을 깨부수었다. 이런 원균이 있는 전쟁터에는 훗날 7대와 10대 통제사를 역임한 이 운용과 우치적이 좌우에 늘 함께 있었다.

임진 해전의 최대 승전이라는 한산대첩을 살펴보면, 왜의 수군을 물살이 빠른 견내량을 통하여 넓은 바다로 끌어내 학익진을 펼칠 수 있게 유인한 것이 바로 원균이 이운용과 우치적을 이끌고 선봉 에서 유도를 하였기 때문이다.

이식(李植), 『선조수정실록』으로 이순신을 영웅으로 치장하고 원균 을 악장으로 만든 그 이식이 원균 휘하의 용장이었던 이운용의 비 문(碑文)에 이렇게 기록하고 있어 한산대첩에서 원균의 공을 설명하 고 있다.

"7월에 적선 수백 척이 견내량을 건너려 했다. 그 병세(兵勢)가 아 주 강했다. 공은 다른 장수에게 묘책을 주어서 거짓으로 달아나는 체하면서 적선들을 외양으로 끌어내었다. 적이 외양에 나오자 급히 뱃머리를 돌려 사방에서 들이치니, 포화는 바다를 진동하고 급기야 적선은 거의 모두 분멸되었다."

물론 비문에서도 원균이 철저히 배제된 것은 사실이지만, 그의 공을 가릴 수는 없다. 경상우수영의 장령들이 선봉에 없었다면 과 연 임진 해전의 위대한 승리가 가능했을까?

세월은 말없이 흘러 오늘도 그 바다는 출렁이지만 아무 말이 없다. 한산 섬의 승전비나 굽이치는 옥포만의 승전비, 남해안 그 어느 탑이나 비문에도 충무공 이순신만이 있지 그 차가운 바다 위에서 죽음을 무릅쓰고 용전분투한 장령들은 없다. 오직 한 사람 이순신만이 남해를 지킨 것으로 치장되어 있다.

임진왜란 중의 해전을 21 또는 22전으로 보아 경상도 바다 말고 전라도에서 벌어진 전쟁은 명량 해전이 유일하고, 이순신 단독으로 지휘한 전쟁도 명량 해전이 유일한 것으로 보면 이순신의 단독 해전 수행 능력에 의문을 가져본다.

임진란의 전쟁터, 경상도 바다는 원균의 관할로 책임도 있고 주장(主將)으로 몸을 아끼지 않고 선봉의 자리를 내놓지 않고 싸운 것은 의심할 여지가 없다.

『선조실록』[12]에 "이운용과 우치적은(경상우수영 원균의 장령) 변란 초부터 죽음을 무릅쓰고 역전하였으며 왜장이 탄 배를 모두 사로잡았다. 그들이 전후에 걸쳐 참살한 적의 수는 헤아릴 수 없으며, 싸움에 있어 항상 적선에 먼저 뛰어 올라가 우리 동포를 구해내고 또한 적을 많이 사로잡았다."며 원균의 경상우수영 장령들의 전투 모습을 그리고 있으며, 또『선조실록』[13]에 보면 다음과 같은 기록이 있다.

- 선조: "원균은 어떤 사람인가?"
- 유성룡(영의정): "예로부터 육군 대장은 해전을 못하고 해군 대장은 육전을 못하나, 원균은 제 몸을 돌보지 아니하고 용감히 싸워 그 모두에 능합니다. 그

---

12) 『선조실록』 선조 27년, 1594년 12월 16일 조.
13) 『선조실록』 선조 29년, 1596년 11월 7일 조.

러나 피로한 군졸을 잘 어루만지지는 못합니다."

유성룡이 누구인가? 이순신의 후견인이고, 이순신이라면 추켜세우지 못하여 안달인 사람이 아닌가. 원균에 대한 위의 평가를 받아들여야 할 것이다.

『선조실록』에 전하는 선조와 좌의정 김응남의 또 다른 원균 평을 소개한다.

> - 선조: "그대(원균)가 나라를 위하여 진력하는 그 충용지성(忠勇之誠)은 옛사람 중에서도 보기 드물다."[14]
> - 김응남: "원균 같은 장수는 가히 얻기 어려운 자이며, 그는 특히 수장으로서 재질이 있습니다."[15]

이순신이 지장으로 임진왜란을 통하여 나라를 구하였다면 원균은 용장으로 나라를 구했다. 다만 실록에서도 언급되었듯이 강직하고 직설적이며 불같이 급한 성품으로 부하들을 잘 어루만지지 못한 무장(武將) 그대로의 모습이었으리라 추정된다. 흠 없는 사람이 어디 있을까?

『난중일기』에 보면, 이순신도 병사에게 곤장을 치고 참형으로 다

---

14) 『선조실록』 선조 29년, 1596년 10월 9일 조.
15) 『선조실록』 선조 29년, 1596년 5월 7일 조.

스리는 장면을 여러 번 볼 수 있음을 미루어 당시 진중의 정황과 군율을 이해할 수 있음이리라.

원균이 있었으므로 이순신도 있는 것이다. 원균은 함경도 북방 변경에서 여진족을 물리칠 때도 부령 부사직을 거쳐 경상도 바다에 와서도 오직 국가만을 생각하며 적을 돌파하는 용장이었다.

이순신과 갈등으로 충청병마사로 전임해서도 왜적으로부터 방어를 위하여 토굴에 기식하며 상당산성을 쌓았고, 이몽학의 난을 수습하려 전라 병마사로의 전임도 마다치 않은, 오로지 국가와 민족만을 생각하는 무인이었다.

불행하게도 이순신이 하옥과 파직이 되어 비어 있는 삼도 수군통제사 자리, 그 험난한 파도 위에 일엽편주의 신세가 되어 외롭게 부임하여 곤장까지 맞아가며 우거진 숲같이 왜성으로 포위된 남해를 뚫고, 현해탄에 있지도 않은 적장을 잡으러 밤바다에서 산화한, 국가를 지켜낸 진정한 해전의 영웅인 것이다.

더 이상 역사는 왜곡되어서는 안 되고, 역사학자들은 이제는 권력의 시녀 역할을 뿌리치고 나와 잘못된 인물 평가를 바로잡아야 한다.

이순신은 더없이 훌륭한 영웅이다. 그리고 그에 못지않게 원균도 임진왜란을 막아내고 산화한 영웅으로 바로 잡아주길 바란다. 이순신은 지장(智將)으로, 원균은 용장(勇將)으로 대접받는 날이 오기를 간곡히 고대한다.

원균은 개전 초 한양이 함락을 당하고 임금이 평양성으로 몽진하는 23일 동안의 절체절명한 시기에 경상우수영 장졸들과 외롭게 경상도 바다를 지켜내 왜의 수군이 한 발자국도 경상도 바다를 벗어나지 못하도록 막아냈으며, 임진왜란의 무수한 해전을 치러내는 동안 이순신과 공동 지휘로 해상 전투를 승리로 이끌어 내고, 이순신과는 임진 해전을 치르는 내내 미워하고 경쟁하면서도 가장 가까이서 자주 만나고 의논하며 함께 전투를 수행한 동지였다.

때에 따라서는 국가의 필요에 따라 충청병마사로 가기도 하고, 이몽학의 난을 수습하기 위하여 전라 좌병마사로, 또 죽을 자리인 줄도 모르고 불타는 바다로 다시 돌아오는 그야말로 국가와 민족만을 아는 우직한 무인이고, 전쟁에 나가서는 돌진만을 했던 임진왜란의 진정한 영웅이라고 감히 말하고자 한다. 7년의 참혹한 전쟁에는 한두 사람의 영웅만이 아니라, 이 나라의 수많은 영웅이 있어 오늘이 있다고 주장하고 싶다.

참고로 원균의 아우는 의병대장 원연이며, 5촌 이내의 혈족이 원종공신(原從功臣)을 포함하여 선무공신에 13명이나 책훈될 정도로 진위현(지금의 평택 동북쪽 위치) 일대의 온 집안이 나서 왜적과의 싸움에 혼신을 다하였다. 임진왜란을 거치면서 한 집안의 성인 남자 모두가 나라가 위급함에 달려 나가니, 이처럼 국난에 대처한 집안이 또 있을까?

아무도 함부로 말하지 않았으면 한다. 많은 이들이 전쟁에 나가 죽기도 하고 다치기도 한 충절의 집안이다.

누대를 거쳐 무인 집안의 전통인 원균 가(家)는 그런 집안이 아니다. 원균뿐만 아니라 온 혈족이 모두 나서 왜적과 싸운 그 사람들에게 지금까지의 욕된 폄훼는 이제 멈추어야 한다.

친척까지 합하면 22명이 임진왜란 원종 공신으로 책훈이 됨은 물론이고, 임진왜란 공신 반열에 원주 원씨가 31명이나 올랐다. 원균, 원호, 원신, 원충노 등 장수급이 수륙(水陸)을 가리지 않고 앞장서 왜적을 물리쳤건만, 당쟁에 휘말리고 일부 몰지각한 역사가들의 필주(筆誅)에 의하여 일방적으로 매도됨을 심히 유감스럽게 생각한다. 이에 충분히 밝히지 못하고 설득하지도 못한 후손으로 부끄러움에 몸을 떤다.

| 임진왜란, 정유재란 15 공신 정문(旌門): 원릉군(원균의 군호) 사우(祠宇) 옆에 위치

| 원호장군의 전승비: 여주 신륵사 입구에 자리한 원호(元豪) 장군의 임진왜란 최초 육상 승전기념비

오늘날까지 내려오는 원균에 대한 잘못된 세평(世評)은 반드시 바로잡아야 한다는 근거로 간단하게 다음의 몇 가지 예를 든다.

1) 첫 번째, 원균은 선무 일등공신에 봉해졌다.

　　원균은 이순신, 권율과 함께 임진왜란 때 왜를 징벌한 무공을 세운 선무 일등공신에 봉하여졌다는 사실이다. 공신 책봉은 엄숙한 국가의 상훈이다. 공신 청을 두어 수많은 사람이 오랜 기간에 걸쳐 수많은 사실 확인과 기록, 증거 등을 토대로 상훈이 이루어지는 절차를 거친다.

　　개인 기록인 『징비록』이나 『난중일기』로 이를 가릴 수 없다. 김시민이나 홍의 장군, 서산 대사도 일등공신에 없는 원균의 무공을 폄훼해서는 안 된다.

　　혹자는 "선조가 워낙 무능한 군주라…" 하는 말로 운운한다. 그러면 선조 시대의 역사는 우리의 역사가 아니란 말인가? 그 시대의 사실을 부정할 수 있을까? 그 수많은 인재와 그들이 이루어 놓은 일들을 아무도 부정할 권한이 없음은 물론이다.

2) 두 번째, 임진왜란의 대부분 해전은 원균의 경상우수영 지역에서 벌어졌다.

　　임진왜란 동안 18번의 주요 해전이 있었다. 그중 정유재란 이전에는 대부분 원균과 이순신이 늘 함께 전투에 참여했다.[16]

　　명량 해전을 제외한 모든 전투가 원균의 관할 수역인 경상우수

---

16) 부산포 해전을 세분하여 4를 추가하면 22전.

영에서 벌어졌으며(아이러니하게도 이순신의 초기 관할수역인 전라좌수영 지역에서는 단 한 번의 전투도 없었음), 특히 이순신이 삼도 수군통제사가 되기 전인 임진년(1592년) 개전 초 전투에서는 원균이 주장(主將)이고, 이순신은 객장(客將)이었다.

옥포 해전을 비롯하여 한산대첩, 안골포 해전에 이르기까지 임진년 5월부터 7월 사이에 이루어진 9번의 전투는 경상우수영이 있는 거제 인근에서 벌어진 전투로, 늘 원균이 선봉에서 공격하고 지형을 손바닥 보듯 잘 이용하여 전승을 이루어 낸 것이다.

원균은 전란이 있기 9년 전인 1583년 거제 현령을 지내 지리에 밝았고, 그 좌우에는 옥포 만호 이운룡과 영등포 만호 우치적이 있어 왜군을 유인하고 격퇴하는 데 늘 앞장섰다.

『선조실록』 선조 36년 4월에 기록에 의하면, "이순신은 임진년(1592년)에 전라좌수사로서 전함을 거느리고 경상우수사 원균과 더불어 거제 앞바다에서 싸워서 적을 대파하였다. …중략… 그때 작전 계획과 선봉은 모두 원균이 한 것이었으며, 이순신은 특별히 도와주는 처지였다."

3) 세 번째, 한양이 함락을 당하고 임금이 평양으로 피할 동안 경상도 바다는 원균이 혼자서 지켰다.

   이순신이 임진왜란 해전에 처음 참전한 것이 1592년(임진년) 5월 7일의 옥포 해전이다. 4월 13일 전쟁 발발 이후 무려 23일이 지난 후다. 그동안 절체절명의 국가 위기에 그는 어디서 무엇을 하다 이때서야 나타났단 말인가? 최전선에 있던 원균의 다섯 차례 참전 요구를 묵살하고 전쟁을 피하다 임금의 명령을 받고서야 마지못해 참전한 것이다.

이 기간은 일본군이 한양을 함락하고 선조가 평양성으로 몽진을 한 바로 그 기간이다. 옆에 바다는 불타고 있고, 한양은 함락되고, 임금은 평양으로 줄행랑을 치고 있는 국가 위기에 자기 수역에 머문 그의 행동을 과연 영웅의 행적이라 볼 수 있을까? 왜의 수군은 전라도를 거쳐 서해에 진출하여 어떻게 하든 육상 보급을 지원하고 한강을 거슬러 한양을 공격하려는 수륙병진 전략에 몰두하였다. 이런 23일 동안 왜(倭) 수군에 대항해 경상도 바다를 지킨 장군이 누구인가? 이순신도 아니고 거북선도 아닌 원균이 있어 왜의 수군이 서진(西進)을 못 한 것 아닌가.

이순신에게 원균과 합세하여 적을 치라는 왕명의 내용을 여기에 밝힌다.

"왜구가 이미 동래를 함락시키고 밀양에 들어갔는데 지금 경상우수사 원균의 장계를 본즉 각 포(浦)의 군사들을 이끌고 바다로 나가 크게 기세를 올리고 있으며 적을 공격할 계획이라고 한다."

이를 보더라도 『징비록』이나 『선조수정실록』과는 전혀 다르게 임진왜란 초부터 원균은 적극적으로 적을 공격하였음을 알 수 있으며, 옥포 해전 이전에도 김해에서 10척, 적진포에서 30여 척의 적선을 당파 작전으로 격파한 사실이 대사헌 김간이 쓴 「원균행장록」과 『선조실록』 중 선조 25년 5월 10일 자 선전관 민종신의 보고에 나오고 있다.

4) 네 번째, 원균은 이순신이 죽을 자리에 대신 죽었다.

무능한 정부 때문에 벌어진 왜의 이중간첩 요시라의 농단에 말려 이순신이 죽을 자리에 원균이 죽었다는 사실을 지적하고 싶다. 원균이 죽었다는 사실을 피해자의 심정에서 말한다. 이순신이 조정과 소통이 잘되어, 그의 후원 세력인 유성룡과 권율의 뜻대로 전쟁이 전개되었다면 원균이 통제사로 갈 일도 없었고 전라 병마사로 전쟁을 수행했을 텐데 이순신으로부터 연유된 일로 그 자리에 옮겨 죽음으로 끝나는 것도 아니고 패장의 멍에에 더해서 갖은 모욕과 험담을 들어야 했다.

다른 부분은 이후에도 설명하겠지만, 선무 일등공신에 대하여는 조금 보충을 해야 할 것 같다.

일부에서는 다른 이야기를 하는 자가 있지만, 공신이라는 것 그것도 일등공신은 임금이라도 함부로 줄 수 있는 책훈이 아니다. 임진왜란이 끝나고 1601년에 공신청을 세워 1604년 6월까지 5년 동안 모든 자료, 기록, 참전 병사 등의 고증을 거치고 현지 조사와 백성들의 증언 등 철저한 조사를 근거로 왜를 정벌한 무공이 있는 신하에게 내리는 국가의 권위 있는 책훈(策勳)이다.

개인 기록인 『징비록』이나 『난중일기』, 그 유례가 없고 명분도 없는 『선조수정실록』으로도 덮을 수 없는 역사적 사실이다. 또 임진왜란 후 선무공신은 전쟁의 규모나 기간 등에 비추어 보아도 조선의 어느 공신에 비하여 그 수가 적다. 1등 3명, 2등 5명, 3등 10명으로 모두 18명에 불과하다.

그만큼 엄선하였다고 할까? 인색하였다는 말이 맞는지도 모른다. 그 유명한 김시민, 신립 장군이나 홍의 장군, 서산 대사 같은 이들도 못 오른 선무 일등공신 자리에 원균이 오른 것은 합당한 공이 있어서일 것이다. 함부로 폄하하려는 자들이 있다면 우리 역사를 농단하려는 자일 것이다.

2

원균 바로보기,
올바른 역사적 평가

　지금까지 너무나 당연하고, 고정관념에 가까이 인식되어오던 영웅 이순신에 대한 반기다. 더구나 우리나라 국보이고, 조선의 유명 재상인 유성룡과 『징비록』을 상대로 그에 시시비비를 근거로 이 글을 써 왔으니 파문이 예상되고 선뜻 동의하기가 힘든 것은 당연하다.

　저자의 진정한 의미는 누차 강조를 하지만 이미 우리에게 각인된 이순신이나 유성룡을 혐하거나 부정할 생각은 추호도 없다. 다만 역사 속에 기록과 근거를 중심으로 원균의 억울함을 털어내고 싶을 뿐이다. 이순신에 못지않게 조선 수군으로 임진, 정유 난을 통하여 왜군을 무찌르고, 전쟁터에서 산화한 장수에게 그에 걸맞은 평가를 바랄 뿐이다. 갖은 좋지 않은 악평과 오욕을 벗어나려 하다 보니 본의 아니게 이순신과 대비하게 되고 『징비록』 기록의 허물을 들추게 되었음을 유감스럽게 생각을 한다.

　혹시나 이 글이 편향되지나 않을까? 걱정해본다. 일방적인 글의 전개가 되는 건 아닐까? 걱정해보면서….

　앞에서 이미 우리가 볼 수 있었듯이 『징비록』에서 시작된 원균에

252

대한 너무나 무도한 글들이 오늘날 임진왜란에 관한 해전사(海戰史)
는 물론, 위대한 승전 사실의 주인공인 장졸들의 평가가 상당이 사
실과 다르게 전해지고 있다는 것을 확인할 수가 있었다. 임진왜란
해전의 승전 공(功)이 오로지 이순신 혼자만의 것으로 독식되어 있
는 것도 너무나 어색하고 상식적이지 않다. 이제라도 역사적 사실
을 사실대로 평가를 해야 한다.

원균 장군에 대하여도 이순신과 함께 임진왜란을 몸으로 막아낸
장군으로 바로 세워져야 하고 조선 수군으로 참전한 모든 장졸들의
평가가 바로 되어야 한다고 본다. 그러한 근거로, 타당한 이유로 다
음의 몇 가지 너무나 상식적인 사실들을 제기하면서 지금까지 붓장
난(筆誅)으로 함부로 역사를 왜곡하고 인용해왔던 사학자들과 소설
이랍시고 글을 써서 내놨던 글쟁이들에게도 함께 물으며 만약에 그
들이 합당한 답변을 못 한다면 역사를 왜곡한 자들로 역사 앞에 엄
숙히 고발하고자 한다.

원균에 대한 세평-실은 의도적으로 씌워진 모해이지만-을 간추리
면 '원균은 이순신과 대립 갈등이 심했다', '이순신을 시기하여 모함
하였다', '남의 공을 탐하였다', '심지어는 겁이 많고 전쟁을 피했다'
등등을 말할 것이다.

아무런 역사적인 기록이나 사실에 근거하지 않고 개인의 사적인
기록인 문집이나 이를 전재(轉載)한 수정실록에서 나온 글귀를 과대
포장하여 소설이나 드라마, 영화 등을 타고 포장 확대되어 세간에
뿌리내리고 전해졌다. 때로는 정치적인 목적으로, 사회적 흥행을 위

글을 마무리하며

하여 확대 재생산되기도 마련이다.

이제 원균에게 드리워진 악평에 대하여 이미 앞서서 기술한 바 있지만 다시 한 번 하나하나 근거를 들어 반론을 제기하니 같이 인식하고 바로 잡아 주었으면 한다.

1) 이순신과 대립 갈등이 심했다?

원균이 이순신과 대립한 것은 사실이다. 임진왜란 내내 이순신과 원균은 사이가 좋지 않았음은 물론 두 사람의 이런 사이 때문에 조정의 중론도 갈리고 조선의 수군 전력에도 많은 영향을 끼친 것도 사실이다.

하지만 두 사람의 사이가 벌어진 것은 원균에 의해서가 아니고 이순신이 가해자라고 말을 할 수 있다. 두 사람 사이는 나이로 보나, 무과 급제 연도로 보나, 화려한 전투 경험 등 그 무엇으로 보아도 원균이 훨씬 월등하여 비교되거나 시샘할 사이가 아니었다.

오히려 이순신은 당시 동인(후에 남인) 정치세력인 유성룡, 권율, 정탁 등을 배경으로 한 정치군인이었다면 원균은 전쟁터로만 전전한 순수 무인으로 다툼이 있을 이유가 없었다. 더구나 원균은 전쟁 발발 2개월 남짓, 위급한 경상우수영에 차출된 처지로 누구와 갈등하고 대립할 여유가 전혀 없는 상황이었다.

이순신은 두 사람 갈등의 불씨를 당긴 사람이다. 원균은 늦게 참가하여 피해를 고스란히 입은 피해자인데, 원균이 이순신을 시기하여 대립하고 갈등을 조장하였다니 역사는 흥미 위주로 흘러가고 있다.

임진 해전 초, 옥포 해전 승전 장계를 이순신이 원균과 천천히 올리자 해놓고, 약속을 파기하고 밤을 새워 혼자 올린 단독 장계에 대하여는 이미 앞에서 자세히 설명을 드린 바 있지만 이 단독 장계 건은 매우 중대한 사건이다.

이순신의 알 수 없는 이 단독 장계로 인하여 두 사람 사이는 신뢰가 깨지게 되었고, 논공행상이 한쪽으로 치우쳐 장졸 간에조차 세력 갈등이 깊어 전투력의 약화를 초래하고 이는 조정에까지 번져 당파 갈등으로까지 번지는 등 전쟁 내내 심각한 폐해를 주었음은 물론이고 해전 전개 과정에도 큰 영향을 미쳤다고 봐야 한다.

이순신은 왜 그런 무모한 일을 했는지? 우리가 아는 이순신으로는 상상이 안 가는 일이다. 역사에 가정은 없지만 만약에 이순신과 원균이 대립 갈등을 하지 않고 협력이 잘되었다면? 전쟁은 물론 역사는 어떻게 달라졌을까?

전쟁도 수월하게 전개되었을 것이고, 백성들의 피해도 훨씬 적었음은 물론 조선을 둘러싸고 전개된 동북아 외교 상황도 많이 달라져 조선이 명(明)에 급속히 기우는 일도 없었을 것이다. 두 사람의 갈등의 골은 원균의 아들 원사웅의 포상을 가지고도 또 한 번 깊어진다.

18살의 장성한 원균의 정실 아들을 이순신이 12살의 어린 서자라고 모함하면서 사이는 더 멀어졌다. 원균은 물론이겠지만 이순신의 『난중일기』 곳곳에도 원균을 가지고 음험하다느니 우습다는 등 좋지 않게 표현하고 있다.

결국 두 사람의 갈등은 조정의 중신회의에서조차 여러 번 논의 끝에 원균의 충청 병마사로 전출을 가져오고 이순신은 한산도에 칩거하는 결과로 조선 수군의 전력 약화를 가져오는 불행한 결과를 초래하고 만다.

길게 보아서는 정유재란이나 칠천량 패전에도 보이지 않는 영향을 많이 주었다고도 보아야 할 것이며 두 사람이 바다 위에서 전사한 것에도 직간접적 원인이 된다고도 봐야 할 것이다.

이순신의 위와 같은 행동은 그의 인격이나 역사적 평가를 보아서도 도저히 이해가 가지 않는다. 오히려 전공에 조급해 보이기까지 한 것은 무엇 때문일까?

당시로 보면, 원균에 비하여 가문, 무과급제, 전력 등등으로 자격지심이 있어서일까? 다시 정리하지만, 원균과 이순신 사이는 대립과 갈등이 있어 많은 피해가 있었던 것은 사실이고 전쟁 수행에도 엄청난 손실을 끼쳤지만 원균은 피해자이고 이순신의 가해로 시작된 일이건만 오히려 원균의 탓으로 돌리고 있을 뿐 그 원인을 철저히 가리지는 않고 만들어진 세평에 큰 이의를 제기하는 바이다.

2) 이순신을 시기하여 모함하였다?

원균이 이순신을 시기하고 모함하였다는 부분은 선조 30년 (1597년) 1월 이순신의 파직과 하옥을 두고 원균의 모함으로 벌어진 일이라고 억지를 쓰며 묘사를 하는 모양이지만 이는 전혀 사실이 아니다.

이순신이 파직 하옥된 진실은 앞에서도 자세히 설명한 바와 같이 『선조실록』에서 전하는 네 가지 뚜렷한 이유 때문이지 원균과는 전혀 관계가 없는 이순신이 만들고 저지른 일들로 일어난 결과이다.

다시 그 이유를 정리하면,

첫째, 기망장계(欺罔狀啓)로 부산 왜영 방화사건을 자신의 공이라고 하여 조정을 속였으니 임금을 업신여긴 죄
둘째, 적을 쫓아 치지 않고 가또 기요마사(加藤淸正)를 살려준 죄
셋째, 남의 공을 가로챈 죄와 남을 모함 죄 - 이는 옥포 해전 직후 최초의 단독 장계와 원균의 아들을 모함한 일을 가르킴
넷째, 한없이 방자하고 거리낌 없는 죄로 임금을 대신하여 세자가 남쪽으로 내려가 여러 차례 불렀으나 응하지 않아 임금과 조정을 능멸한 죄

라고 뚜렷하고 분명하게 명시하고 있다. 이게 원균이 모함하고 시기하여 이루어질 수 있는 일인가? 더군다나 원균은 조정에 권신도 아니고 평생을 전쟁터만 전전한 장수로서 가당치도 않은 논리의 전개인 것이다. 더군다나 이순신의 4가지 죄를 간추린다면 첫째와 넷째에 밝히고 있듯이 당시 왕권 군주제하에서 임금과 조정을 능멸하고 업신여겼다고 표현하는 것으로 보아

임금의 분노 정도를 다른 이유로 둘러댈 여지가 없다고 보아야 할 것이며 원균 운운하는 것은 가당치도 않은 말이다.

둘째와 셋째 이유를 보자 이는 세간의 호사가들이나 역사 왜곡 자들이 원균을 향하여 험담하는 소리를 그대로 이순신에게 하는 말이 아닌가? 전쟁을 피하고 남의 공을 가로챈 자가 이순신이라고 벌을 내린 판결문인 것이다. 그러면 어떻게 된 것이란 말인가? 전쟁을 피하고 남의 공을 가로채고 모함한 것은 이순신의 행위라고 중신회의에서 내린 판결문이 증명하고 있는 것이다.

그렇다면 도리어 원균에게 시기, 모함, 겁쟁이 등의 언사를 하면 안 되는 일인 것이다. 적어도 이순신 옹호론자나 추종자들이라면… 참으로 "부처님 눈에는 부처만 보이고 돼지 눈에는 돼지만 보인다"더니 그 모양새다.

3) 남의 공을 탐하였다?

이 부분은 이미 1)과 2)에서 충분히 설명이 되었으며 원균이 특별히 남의 공을 탐하였거나 가로챈 부분은 없었고 다만 난중일기 등에 보면 원균이 전쟁 중에 적의 목을 가장하여 민간의 목을 베고 하는 부분이 나오지만 근거가 없는 얘기이고 오히려 많은 조총이나 적장의 진귀한 전리품을 조정에 올려 당시로서는 첨단 무기인 조총의 노획 수만 보더라도 얼마나 많은 적을 물리치었나를 알 수 있는 물증이 되었다는 기록 등을 보더라도 원균의 전공이 실제 이하로 묻혔다고 보아야 할 것이다.

4) 원균은 겁이 많고 전쟁을 피했다?

이는 도대체 평생을 전쟁터만 누비고 다닌 원균에게는 너무나 어울리지 않는 말이다. 아마 『징비록』 1권 후미에 처음으로 임진 해전에 관하여 "거제도 승전 기록"이라며 다음과 같이 소개하고 원균을 전쟁을 회피하는 겁쟁이로 각색을 하면서부터일 것이다.

初戰 敵 旣登陸, 均 見 敵勢大 不敢出擊. 悉沈其 戰船
百餘 艘及 ,火砲 .軍器於海中,
獨與手下裨將 李英男. 李雲龍等. 乘四船, 奔至 昆陽海
口.欲下陸避敵 .於是 水軍 萬餘人皆潰….

『징비록』의 저자 유성룡(柳成龍)은 아예 원균을 죽이려 작정을 하고 수군에 관한 기록을 시작한 것이다.

"원균이 적군의 세력이 큰 것을 보고 싸울 생각은 안 하고 전선 백여 척과 화포, 병기 등을 물속에 가라앉히고 수군 만여 명을 무너뜨렸다"라며 시작을 한다.

유성룡의 『징비록』, 이 한 줄로 인하여 원균은 전쟁을 회피한 비겁한 장수로 각인이 되었으니 얼마나 무책임하고 간악한 말인가? 이제 유성룡이 원균을 폄훼한 이 한 줄의 글이 거짓임을 밝힌다.

수군 만 명을 무너뜨렸다는 부분이다. 우선 경상우수영의 수군이 만 명이나 있었을까? 어림 반 푼어치도 없는 소리다. 조선에 수영이 경상우수영 말고 전국에 10곳이 있었는데 (경상, 전라도만 좌, 우두 수영에 8도에 한 곳씩) 크고 작은 곳을 감안하더라도 전국에 수군만

10만은 안 되더라도 4~5만 명은 있었다고 보아야 하는데⋯ 수군이 이 정도면 육군은 예나 지금이나 수군에 비하여 5배 내지 10배는 많은 게 당연하다 볼 때 조선의 군사가 24만 내지 50만 명은 되어야 하는데⋯ 말이 되는가?

그렇다면 이율곡의 10만 양병설은 어떻게 나온 것이며, 15만 내외의 왜군에 조선팔도가 초토화되어 20일 만에 한양이 함락되었단 말인가? 거짓말도 도가 너무 지나치다. 유성룡 자신의 기록을 보더라도 갑오년 4월 왕에게 군사에 대한 의견을 올린 시무차자(時務箚子)에도 조선의 전투 병력은 8천 명이고 이도 3개월에 2천 명씩 근무를 했다고 기록되어 있다.

또 같은『징비록』에 기록대로 얼마나 병사가 양성이 안 되어 있었으면 이 일이 왕명을 받고 순변사로 내려가면서 군사가 없어 3일이 지나서야 겨우 60여 명을 데려간 사실이나 신립이 도순변사(都巡邊使)가 되어 충주로 내려가려 해도 병력이 모아지지 않아 기십 명도 안 되어 유성룡이 "자네가 우선 내려가면 병력이 모아지는 대로 내가 따라가지" 하였든 기록들을 보더라도 원균 휘하에 만 명의 수군이 있었다는 기록은 너무나 무책임한 숫자이고 모함을 위한 의도적인 기록으로 볼 수밖에 없다.

전선과 관한 부분도 그렇다. 도대체 유성룡이 도체찰사로 전쟁을 총체적으로 수행하는 직분에 있었던 게 맞는지 의심이 드는 부분이다. 조선 전체의 전선도 백 척이 안 될 것이고, 실제 최초 해전이라는 옥포 해전에 이순신이 가지고 참여한 군선이 24척, 협선 15척인 것을 참작하거나 임진왜란 중 최대의 대첩이라는 한산 대첩에서 삼도 수군이 모두 모여 전투에 참여한 전선이 56척인 점 어느 경우를 보드라도, 경상 우수사로 부임한 지 2개월 남짓한 원균 휘하에 전선이 백여 척이 있었다는 것은 수군 실정을 몰라도 너무 몰랐다는 이야기다.

아니 의도적으로 원균을 모해하기 위하여 악의적으로 부풀린 숫자이다. 당시 수군의 운영상황을 보드라도 그렇다. 수영에는 수사(水使)가 관할을 하지만 그 밑에는 주요 전략지마다 군포(軍浦)을 두고 만호(萬戶)가 지휘하게 되어 있어, 전선과 병기 등도 각 만호에 분산하여 배치, 훈련을 하는 체계인데 원균이 전란이 일어날 줄 미리 알고 한곳에 집결시켜 바로 침몰시켰다? 참으로 앞뒤가 안 맞는 억지고 만들어낸 모함이다. 원균 밑에는 이운룡, 우치적 같은 범 같은 장수가 만호로 각기 자기 지역을 관할하고 있었는데 수사의 명이라 하더라도 그렇게 쉽게 동조했을 리가 없었을 것이다.

원균이 적의 기세만 보고 허겁지겁 전선과 무기를 물속에 가라앉힌 양 표현하고 있는데… 유성룡이 누구인가? 병조 판서와 도체찰사를 지낸 분이… 왜의 침략군이 조선에 상륙하기 위하여 들이닥친 곳은, 부산 앞바다, 박홍이 도주한 경상 좌수영 지역이고, 원균의 관할인 경상 우수영은 거제도 남단 오아포에 위치하고 있었으며 전선이나 군사도 8관 20진에 분산되어 있었음인데 아무리 전쟁을 문관이 하던 시대라도 유성룡이 너무나 현실과 동떨어진 글로 과장할 뿐만 아니라 지역의 장수도 파악을 못 하고 있는 듯 보인다.

유성룡은 이때부터 작정을 했다. 원균을 겁쟁이로, 전쟁을 피하고 능력 없는 비겁한 장군으로 설정을 한 것이다.

3
이순신이 원균의 제안을 받아들였다면
정묘·병자호란도 없었을지도 모른다

임진왜란의 후유증은 대단하여 조선, 중국, 일본에 엄청난 영향을 미쳤다.

일본은 도요토미 히데요시(豊臣秀吉)가 죽고, 에도 막부가 들어서 도쿠가와 이에야스(德川家康)가 정권을 거머쥐게 되고, 명과 조선이 전쟁 후유증으로 국력이 약화한 틈을 이용하여 여진족이 후금을 세워 후에 청나라로 중국을 통일한다.

역사에 가정은 없다. 하지만 아쉬운 점이 너무나 크다.

임진왜란 초기 전라좌수영의 군사를 경상우수영과 합세하여 왜적을 격파하자고 한 원균의 제안을 이순신이 받아들였다면 과연 역사는 어떻게 되었을까. 앞에서도 언급하였지만, 임진왜란 초 일본 수군은 별것 아니었던 것 같다.

그 이유로는 첫째, 일본의 선박은 대부분 조선을 침략할 육군의 수송 업무가 주였기에 전투력은 대단치 않았다. 적어도 정유재란 이전까지 일본 함선은 약한 삼(森)나무 재질로 조선 병선의 당파 작전에 깨져 나가기 일쑤였고, 근접전 말고는 화포 등 화력 면에서도 조선 수군에 떨어졌다.

이는 임진왜란이 일어나고 6년이 지나도록, 정유(1597년) 7월 칠천량 해전 이전까지 왜가 그토록 갈망하던 서진의 꿈을 한 번도 이루지 못하고 경상도 바다에서만 싸움을 한 것만으로도 입증된다.

이순신이 원균의 제안을 받아들여 조선 수군이 연합하여 부산 앞바다의 일본 수군을 쳐부수었다면 어떻게 되었을까. 원균이 선봉에 서고 이순신이 뒤를 받치고 신나게 두들겨 부수었을 것이다. 부산포는 불에 타고 북상하던 일본군은 후방이 두려워 감히 한양을 향하지 못하고 주춤하였을 것이다. 한양성의 함락도, 임금의 몽진도 없었을 것이라는 가정이 충분히 가능하다.

그랬다면 명의 군사적 개입도 없었을 것이고, 누르하치는 후금(후에 청)을 세울 수도 없었을 것이다.

임진왜란 후 명은 조선에 재조지은(再造之恩), 즉 (조선이) 거의 멸망하게 된 것을 임진왜란 때 원군을 보내 구원하여 도와주었다는 점을 강조하며 충성을 강요해 왔다. 명이 원군을 보내지 않고도 임진왜란이 수습되었다면 명의 눈치도 볼 필요도 없고, 설사 청의 파병 요청에도 보다 자유로운 판단을 할 수 있어 명과 청 사이에서 고민하지 않아도 되었을 것이다. 또한 임진왜란이 끝나고 삼십여 년 후 정묘, 병자호란 같은 전쟁의 화를 피할 수 있지 않았을까 하는 생각도 하게 된다.

역사는 유성룡과 이순신을 매우 높이 평가한다. 부인을 하고 싶지는 않다. 누차 말하지만 민족을 위하여, 젊은이들의 미래를 위하여 영웅을 만드는 것에 인색해서는 안 된다. 그러나 생사를 같이하며 그에 못지않게 훌륭한 장수의 업적을 짓밟고 폄훼하는 자세는 후손으로도, 역사학자로서도 대단히 잘못된 일이다.

개전 초 이순신은 왜
원균의 참전 요청을 다섯 번이나 거부했을까?

1592년 4월 13일 왜가 대규모 병력으로 조선을 침공하므로 임진왜란이 발발한다. 원래 왜의 주 침로는 박홍이 맡고 있던 경상 좌수영 관할이지만 박홍은 처음부터 도주를 하고 임진 해전에는 등장을 안 한다.

거제에 수영을 두고 낙동강 하구 서쪽을 관할하던 원균은 기록에 의하면 왜의 침입을 당하자 조정과 인근에 파발을 띄우고 전라 좌수사 이순신에게 군사를 도와 함께 참전하여 왜의 수군을 막아낼 것을 요청하였다 한다. 그것도 한번이 아니라 다섯 번이나…. 이순신은 서로 관할이 다르니 합세하기 어렵다며 거절을 하였다 한다.

그러다 결국은 임금의 명령인 유지(諭旨)를 받고야 전쟁 발발 23일이 지나 옥포 해전에 뒤늦게 참전을 한다. 왜 그랬을까? 국가가 절체절명의 위기에 한양이 적의 수중에 들어가고 임금은 평양으로 몽진을 한 상태에서 단지 관할이 아니라는 이유만으로 불타는 바다를 바라보며 전선(戰線)을 외면할 수가 있는 것일까? 아무리 생각을 해도 납득이 안되는 일이다.

현대의 사고방식으로도, 아니 그 당시로 돌아가 이해를 하려고 해도 말이 되는 소리를 해야지… 경상도 바다와 전라도 바닷물이 다르다는 말인가? 경상도 바다가 끝이 나고 다른 곳에 전라도 바다가 있는 것도 아니고… 경상 우수영이 무너지면 바로 이순신이 있는 전라좌수영이 전쟁터가 되는 것인데….

삼국지에 관우, 장비나 조자룡이 서로 관할을 따지며 전쟁터에 나가길 미루는 것을 보았는지? 6·25전쟁 시 그 유명한 장군들이 경계를 따지며 전쟁을 했는지 물어보고 싶다. 참으로 어이가 없고 이해를 하려고 해도 할 수가 없는 일이다.

나름대로 이유를 들어보고 설명을 하자면 이순신은 유성룡의 사람으로 동인의 사람이고 원균은 당파색은 옅지만…. 그 어떤 기록에도 정파에 속하거나 휘둘린 사실이 없지만 진위 현(지금의 평택) 출신에다가, 처가가 파평 윤씨 쪽으로 윤두수에 연관을 지어 모함을 한 흔적이 있는 것으로 서인으로 몰아 협조를 하지 않았나? 추측을 해본다.

하지만 원균은 평생 전쟁터만 옮겨 다닌 장수로 정치는 연관이 없는 사람이다. 당시 당파를 두고 정쟁이 얼마나 심했는지를 보면, 전쟁 발발 6개월 전까지도 기축옥사의 처리 과정에서 서인의 정철을 유배 보내는 등 참혹한 사상자를 내며 사생결단의 양보 없는 싸움의 응어리가 남아있었다고 보아야 이 의문은 풀릴 것 같다.

어떻게 보면 당시는 국가보다 당파가 우선이었고 백성들의 안위보다는 파당의 이익이 우선시 되었던 시기였다. 거기다 군주인 선조는 당시로서는 적자(嫡子)가 아니고 왕위에 오른 자신의 허약한 입지를… 참으로 통탄할 노릇인 것이다. 이것이 당시 조선 조정의 실상인 것이다.

강화(講和)하기 위하여 파쟁을 부추기었으니 나라는 파쟁으로 얼룩지고 전쟁터의 장수까지 파쟁의 눈치를 보는 지경에 이르게 되었다고 보아야 할 것이다.

비교적 벼락출세를 한 이순신은 유성룡 등 후원 세력이 든든한 건 사실이고 전쟁 초기에는 그러저런 상황을 파악하여야 했기에 참전을 미루었다고 보아야 할 것이다. 일곱 단계나 건너뛰어 전라 좌수사로 승차한 것도 그렇고 『난중일기』에 보면 자주 유성룡이나 권율 등과 서신을 주고받는 내용이 나오는 것을 보면 이순신은 생각보다 정치적인 군인으로 나름 서인 쪽이라 선을 그은 원균을 돕기 싫었는지 모른다. 그것 말고는 바닷물로 연결된 남쪽 바다 전쟁터를 두고 참전을 미룰 이유를 아무리 찾으려 해도 찾을 수가 없다.

역사는 참으로 아이러니한다. 실제적인 사실에 의하여 역사적 사건과 그에 관여한 인물에 대하여 사실대로 기록하고 정당한 인물평가로 이루어져야 역사인데… 정치적 목적에 의하여, 승자(勝者)의 편의에 의하여, 정권의 타당성을 위하여 때로는 왜곡되고 각색되고 만들어져 온 것이 오히려 더 많고 주류가 되어 온 걸 어떻게 봐야 하는가?

역사가나 작가들의 잘못으로만 탓하고 넘길 일인가? 그도 아닌가 싶기도 하다, 세계문화유산으로 그렇게나 자랑을 하던 사초를 근거로 한 『조선왕조실록』마저도 임진왜란을 전후로 중요한 역사적 사건이 있던 그 사건과 기간 동안의 사초를 불태워 역사를 숨기고 있지 않은가?

이제 그 예를 들어보자. 우리는 역사적으로 가장 잔혹한 폭군(暴君)을 들라면 서양에는 로마제국의 네로 황제와 동양에 진시황제(秦始皇帝)를 드는 데 주저하지 않을 것이다. 정말 진시황이 그럴까? 물론 일부 억압과 폭정은 인정하지만 중국에 오늘이 있을 수 있도록 만든 가장 위대한 군주로 평가되어야 한다고 본다.

중국의 중앙집권제를 확립하여 효율적인 통치 기반을 만들고, 운하를 만들어 농업 생산성을 획기적으로 향상시켜 백성들을 배고픔에서 해방하고, 도량형을 정비하였으며, 만리장성을 완성하여 국방을 튼튼히 하는 등 그의 업적은 가릴 수가 없다. 하지만 그를 이어 천하를 통일한 한고조(漢高祖) 유방은 자신의 비천한 출신을 숨기고 개국의 정당성을 위하여 진시황의 어두운 면만 부각하고 공은 묻어버린 것이다.

역사에는 이런 사례가 비일비재하다. 특히 우리나라 사람들은 대칭 논리에 의하여 한 사람을 부각시키기 위하여 다른 한쪽을 죽여야 성이 풀린다. 흥부를 위하여 놀부는 마누라까지 동원하여 욕심꾸러기 못된 형이 되어야 하고, 콩쥐을 위하여 팥쥐에 계모까지 등장을 시킨다.

이승만을 독재자로 만들려고 김구를 내세워야 하며, 박정희를 군사독재자로 만들려면 김대중을 민주투사로 내세워야 직성이 풀리는 한국 민족이다.

우리 민족성이 이럴진대… 조선 500년도 모자라 광복 70여 년까지 이순신을 충무공으로, 민족의 영웅으로 만들기 위하여 원균을 죽이고 또 죽여야 한이 풀리는 민족이다. 때로는 없는 이야기도 만들어내고, 이순신의 허물인 남의 공을 가로채는 성품까지 원균의 것으로 만들어 가면서 400여 년 지겹도록 우려먹었다.

정조 임금도 이승만이나 박정희 대통령도 자신에 왕위승계나 집권 기반이 허약할 때는 언제나 이순신을 불러내야 했고 최고의 찬사를 동원해가며 백성들을 설득했다. 그때마다 원균은 주연의 화려한 연기를 위하여 어떠한 악역도 마다하지 않고 망가져야 했다. 그렇게 오랜 세월 각인된 원균의 이미지는 지워지지 않고 필요할 때마다, 아무 때나 소환되고 함부로 인용되어 왔다.

이제는 원균을 제대로 보아야 한다. 이순신과 같이 남해 바다를 지켜낸 조선 수군의 명장으로 대접해 주어야 한다. 임진왜란 해전의 모든 공을 이순신 혼자 독점하는 것도 정도에 지나치다. 오죽하면 원균의 안방에서 벌어진 거제도 주변 해안의 전투마저 이순신이 다 가져갔다고 하니… 말이 되는가?

그래서인지, 가장 치열하고 많은 전투가 벌어진 경상도 남해안에는 옥포 말고는 이순신의 동상이 없다. (노량 해전 제외) 온통 전라도 바다에만 이순신의 임진왜란 유적으로 가득 찬 것도 앞뒤가 안 맞는 풍경이다.

이순신은 훌륭한 장군이고 임진왜란의 일등 장수이다. 둘도 없는 지장(知將)이다. 원균도 이순신에 버금가는 용장(勇將)으로 인정되어야 한다고 본다. 더더구나 겁이 많거나, 전쟁을 피하거나, 남의 공을 탐하거나 하는 장수는 전혀 아니라는 사실이 이 글을 통하여 조금이나마 밝혀지기를 간절히 소망한다.

실제로 임진왜란 당시만 해도 조선 수군의 실상은 참혹할 정도였다. 수군은 육군에 예속되다시피 하여 지휘를 받는 것은 물론 병력을 보충하기 위하여 수군을 빼앗아 가기 일쑤고, 식량도 거두어가 먹을 것이 없어 굶주리며 싸웠다는 기록을 어렵지 않게 접할 수 있고, 격군들을 구하지 못하고 그나마도 도망자들이 속출하여 전함이 움직이질 못한 실정이었다.

이렇게 어려운 환경과 제도하에서 조선의 바다를 지켜낸 두 영웅을 아무도 험담할 자격도 권리도 없다고 감히 말을 하며 영문도 모르게 갈라놓은 두 장군을 원래 모습 그대로 돌려놓아 드리길 기원하면서 글을 마친다.

부 록

1

임진왜란,
정유재란 연표(年表)

⊙ 임진왜란, 정유재란 연표(年表)

1592년(선조 25년)	4월	13일	임진왜란 발발, 일본군 21만 침입 14일 부산진 함락
		15일	동래성 함락
		26일	문경 새재 상실
		28일	신립의 관군 8천 명 탄금대 대패
		30일	선조 한양을 버리고 몽진(피난)
	5월	2일	한양 함락(점령)
		6일	선조 평양성 도착
		6일	이순신 해전 참여(데뷔) 옥포 도착
		7일	옥포 해전
		8일	적진포 해전
		29일	사천 해전
	6월	2일	당포 해전
	6월	5일	용인전투
			이광(洸)의 5만 조선 육군이 일본 육군 1,600명에 대패
		6일	제1차 당항포 해전
		10일	원호(豪)의 조선 관군 여주 전 대승
		14일	평양성 함락
		19일	금화 전투 조선군 전멸, 원호 전사
	7월	8일	한산도 대첩
		10일	안골포 해전

272

	7월	28일	곽재우 의령서 일본군 격퇴
	9월	1일	부산포 해전
	10월	5일	김시민 진주성 1차전 승리
1593년(선조 26년)	1월	9일	조명 연합군 평양성 탈환
		19일	원충노의 조선 의병 일본군 기습
		27일	조명 연합군 벽제관에서 전멸
	2월	1일	웅천 해전
	2월	12일	권율 행주산성에서 일본군 격퇴
	7월	20-27일	2차 진주성 전투
	8월	15일	이순신 삼도 수군통제사에 임명
1594년(선조 27년)	3월	4일	제2차 당항포 해전
	9월	29일	제1차 장문포 해전
	10월	4일	제2차 장문포 해전
	11월	12일	원균 충청병마사로 전임
1596년(선조 29년)	12월	12일	부산 왜영 방화사건
	12월		정유재란 일본군 15만 재침입
1597년(선조 30년)	1월		이순신 파직
	1월	28일	원균 삼도수군통제사에 임명
	3월	13일	이순신 하옥
	7월	16일	칠천량 패전 원균 전사
	9월	14일	금구대첩 원신의 조선 관군 일본 기습
	9월	16일	명량대첩 이순신 일 수군 200척 대파
1598년(선조 31년)	1월	14일	권율 울산성 탈환 실패
	8월	18일	도요토미 히데요시(豊臣秀吉) 사망
	11월	10일	일본군 철수 시작
	11월	18일	노량 해전에서 일본 수군 대파 이순신 전사
			정유재란 종결
1599년(선조 32년)	9월	9일	명군 완전 철수

2

임금이 원균(元均)에게 내린
선무 일등공신 교지

◉ 녹훈 봉작교지(錄勳 封爵敎旨)

자헌대부(資憲大夫) 지충추부사(知中樞府事) 증 효충장의(贈 效忠仗儀) 적의협력(迪毅協力) 선무공신(宣武功臣) 숭록대부(崇祿大夫) 의정부 좌찬성(議政府 左贊成) 겸 판의금부사(兼 判義禁府事) 원릉군 원균(原陵君 元均)에게 내리는 교서

왕이 가라사대 위태함을 보고 용맹을 세움은 용감한 신하로서 군주의 한을 덜어 주고자 하는 충성심을 나타냄이오, 벼슬을 받고 훈(勳)을 책(策)함을 난지(鸞紙)에 기록함은 노고에 보답하는 식전(式典)이다.

이에 다시 슬피 증(贈)하여 굳쎈 영혼을 포상하고 권장하노니 오직 경은 농우(隴右)의 인재요, 산서(山西)의 장망(將望)이라. 이경기(李輕騎)의 힘쎈 팔은 많은 무리들과 능함을 다루고, 반정원(班定遠)의 호두(虎頭)는 만 리의 고기를 먹는지라, 뱀 머리 모양의 창을 씀에는 웅장

하고, 표범과 같은 지략은 기이함이 많도다. 맑은 분별은 집극(執戟)의 별과 가까웁고, 뛰어난 명예는 분부(分符)한 땅에 무성하도다.

자수(紫綬)를 북방 변방에 드리우니 초목도 그 이름을 알고, 푸른 갑옷을 남쪽 언덕에 걸었으니 호리(狐狸)가 자취를 감추도다. 천삼(千三)의 부운(否運)과 백육(百六)의 재년(災年)을 만난지라. 해수가 무리 지어 나르니 고래 떼가 술렁거리도다.

세상을 어지럽게 하는 속된 인간들은 감히 대방에 원수를 삼고 큰 산돼지와 긴 뱀과 같은 사악한 무리는 상국(上國)을 거듭 침범할 것을 꾀하고 있도다. 궁벽한 땅 밖의 소식이 어둡고 사나운 도적들이 내란을 꾀하니 당나라 조정이 서쪽으로 피란하고 진(晉)나라의 문물이 남쪽으로 건너감에 의지하는 바는 경과 이순신 등이 의기가 서로 합하고 규모를 크게 같이 하여 바다를 덮은 과선(戈船)을 다스리니 창응(蒼鷹)과 적작(赤爵)이오. 구름과 같이 연(連)하는 전함을 배치하니 철통과 같은 장막이라, 영(營)을 절도 요지에 정하고 진은 상산의 수미를 점거하였도다. 장료(張遼) 유수(濡須)의 형세가 장엄하고, 주유(周瑜) 적벽(赤壁)의 군사보다 강성하도다.

적진을 무찌름이 날마다 10여 개가 넘을 뿐만 아니라 전투를 함에는 한 달에 세 번씩 승전 첩보를 올리도다. 전후하여 왜선을 격파한 것이 130척에 이르고 적을 베인 것이 수백이오, 물에 빠져 죽은 자는 그 수를 헤아릴 수 없으며, 기타 적의 장졸들의 수급을 베인 것이 237급이라, 전공을 하뢰(下瀨)에 새기고 이름을 복파(伏波)보다 중한지라. 군성(軍聲)이 이로 인하여 더욱 긴장하고 군기(軍紀)와 사기는 더욱 드높아지도다.

이와 같이 당가(唐家)의 보장이 있으니 황제의 금성탕지를 논할 것이 없도다. 적인(敵人)은 아동(阿童)의 수룡(水龍)을 두려워하고, 국세(國勢)는 맹사(猛士)의 산호(山虎)가 숨어 있는지라. 아. 아! 당시의 백전하는 용력이 오늘의 중흥의 기틀이 되었도다.

우분(憂憤)한 반평생은 오직 군주가 욕을 보면 신하가 죽는 것을 알았으니 눈물에 젖은 일념이 얼마나 위급한 시대를 당하여 힘이 모자람을 한탄하였으리오.

장군은 죽었어도 산 것과 같으니 비록 공업(功業)은 끝을 보지 못하였으나, 사훈(司勳)과 장상(掌賞)이 몰(歿)하여도 오히려 포상하는지라. 이에 책훈(策勳)을 베풀어 선무 일등공신을 주어 3계급 직위를 초수하고 그의 부모처자도 또한 3계급을 초수하고, 무자일 경우에는 생질 여서(女壻)를 2계급 초수하고, 적장(適長)이 세습하여 그 녹을 잃지 않을 것이며, 영세토록 도울지니라. 인하여 노비 13구(口)와 전 150결과 은자 10냥과 옷감 1단과 내구마 1필을 하사하니 도착하거든 받을지어다.

인수(印綬)는 한(漢)나라의 의식과 같이 징수하고 문관(門關)은 주나라의 법에 의하여 거차한다. 총질(寵秩)의 추가함은 충용한 마돈(馬敦)보다 빛이 나고, 구훈(舊勳)을 추록함은 절의(節義) 있는 양찬(陽瓚)에 비교할 바 아니로다.

이에 명수(名數)를 더하여 존망(存亡)을 위로하노라. 태산이 닳고 하수(河水)가 마르도록 맹서함에 상렬(上列)의 위차(位次)에는 있지 아니하나 기린각(麒麟閣)에 성명을 쓰는 데는 오히려 싸움에 어울려진 영웅의 자세를 생각할 것이로다.

혼백이여, 영(靈)이 있거든 이 뒤늦게 포장함을 받을 것일세, 이에 교시하노니 마땅히 다 알 줄로 믿노라.

일등: 이순신, 권율, 원균

이등: 신점, 권응수, 김시민, 이정암, 이억기

삼등: 정기원, 권협, 유사원, 고언백, 이광악, 조경, 권준, 이순신, 이운용

만력(萬曆: 당나라의 연호) 32년(1604년) 10월 일.

치제문

전쟁이 끝나고 6년이 지나 1604년 선조 37년에 임금은 원균(元均)에게 녹훈봉작교지(錄勳封爵敎旨)를 내려 선무 일등공신에 봉하고 이 듬해인 선조 38년 을사 정월 18일(癸巳)에 친히 제문을 보내 제사를 지내도록 한다.

이 교서(敎書)에 첨부(添附)된 치제문(致祭文)은 선조(宣祖) 38년(만력(萬曆) 33, 1605) 정월(正月) 18일 국왕(國王)이 의정부좌찬성(議政府左贊成)에 증직(贈職)된 원균(元均)의 영전(靈前)에 예조정랑(禮曹正郎) 유성(柳惺)을 보내어 제사를 지내게 한 글을 담은 문서다.

⊙ 치제문(致祭文): 원균 장군

"유(維) 만력(萬曆) 33년(年) 세차(歲次) 을사(乙巳) 정월(正月) 18일(日) 계사(癸巳)에 국왕(國王)은 신(臣) 예조정랑(禮曹正郎) 柳惺(류성)을 보내어 증의정부좌찬성(贈議政府左贊成) 원균(元均)의 영전(靈前)에 고(告)하여 제사 지내노니 오직 영(靈)은 굳센 장군(將軍)으로 이 나라의 영걸(英傑)이오, 기품이 용맹함에 만부(萬夫) 중(中)에 특출한 인물(人物)이라, 일찍이 호방(虎榜)에 뽑혀서 의장(儀仗)의 창을 잡고 여러 차례 변방에 시험 보아 늠름한 성망(聲望)이 있었더라. 이에 정전(征戰)의 전권(全權)을 위탁하여 남(南)쪽 바다를 지키게 하니 수로(水路) 요충(要衝)이 의연하여 금성탕지(金城湯池)와도 같더라.

먼 나라 땅이 순(順)하지 못하여 살기가 충천하니 여러 고을이 바람에 쓸려 더욱 창궐하여 극(極)에 달했는데 오직 경(卿)만이 용기(勇氣)를 내고 나라를 위하여 죽기를 맹세하고 우리의 군사들을 격려하여 쳐들어오는 적(敵)을 방비하고 바다에 나아가 싸우니 달마다 승전 첩보를 올렸도다. 우리의 바다를 보장(保障)함은 경(卿)이 아니고 누구를 의지하리요.

내가 그 빛나는 공훈(功勳)을 가상히 생각하여 특별히 승급을 시켰는데 적(賊)이 재차(再次) 침범함에 힘을 다하여 맞아 싸워서 승승장구하다가 매복한 적(敵)이 밤에 엄습하여 와서 불우의 변을 당(當)하니 이는 하늘이 순리(順理)를 돕지 아니함이로다. 한번 패(敗)하여 지탱하지 못하니 장군(將軍)의 죽음은 나의 박덕함에 인(因)함이로다. 장군(將軍)의 웅도(雄圖)가 영영 사라지고 장엄한 계략을 펴지 못하니 자나 깨나 가슴을 치는 탄식이 그치지 아니하고 피로써 충성(忠誠)을 맹세함이 이르리니 더욱 슬픔이 간절하도다. 이에 宗祝(종축)에 명(命)하여서 약간(若干)의 제의(祭儀)를 갖추노니 영(靈)이여 알음이 있거든 흠향할지어다."

4

원균 행장(行狀)

통제사 원균 증 좌찬성공행장(統制使 元均 贈 左贊成公行狀)

공의 휘(諱)는 균(均)이요, 자(字)는 평중(平仲)이다. 성씨는 원씨(元氏)이며 본관은 원주(原州)다. 고려(高麗) 태조(太祖) 때 통합삼한공신(統合三韓功臣) 병부령(兵部令) 휘 극유(克猷)가 공의 비조(鼻祖)가 되신다. 고조(高祖) 휘 몽(蒙)은 군자감 정(軍資監正)에 증직(贈職)되었고, 증조(曾祖) 휘 숙정(淑貞)은 병조참의(兵曹參議)에 증직되었으며, 조부 휘 임(任)은 호조참판(戶曹參判)에 증직되었다. 부친은 휘 준량(俊良)으로 경상좌병사(守慶尙左兵使)를 지냈으며 영의정(領議政) 평원부원군(平原府院君)에 증직되었다. 모친은 정경부인(貞敬夫人)에 증직되었고, 남원 양씨(梁氏)로 휘 희증(希曾)의 따님이다.

공은 가정(嘉靖) 경자(庚子, 1540) 정월 5일에 태어났는데 어려서부터 날쌔고 힘이 세었으며, 무과에 급제한 후에는 선전관(宣傳官)을 거쳐 외직으로 나가 조산보만호(造山堡萬戶)가 되어 번호(藩胡)를 토벌하는 데 공을 세워 부령부사(富寧府使)로 초배(超拜)되었고 얼마 후에 종성부사(鐘城府使)로 옮겨 병사(兵使) 이일(李鎰)을 따라 시전부락(時錢部落)을 격파하였다.

임진년(1592)에 경상우수사(慶尙右水使)에 제수되었는데, 그해 4월에 왜적 평수길(平秀吉)이 온 국력을 기울여 쳐들어왔다. 부산(釜山)·동래(東萊)가 차례로 함락되었고, 공의 수하에는 단지 4척의 전선뿐이라 군세가 고약(孤弱)하여 혼자서 맞설 수 없음을 알고 우후(虞侯) 우응진(禹應辰)을 본진(本鎭)에 남겨 지키게 하고, 옥포만호(玉浦萬戶) 이운룡(李雲龍)·영등포만호(永登浦萬戶) 우치적(禹致績)·남해현감(南海縣監) 기효근(奇孝謹)과 함께 곤양(昆陽) 해구(海口)로 물러나 지키면서 비장(裨將) 이영남(李英男)을 전라좌수사(全羅左水使) 이순신(李舜臣)에게 보내 함께 힘을 합쳐 적을 막을 것을 요청하였으나 순신이 각자 지키는 지역의 경계가 있다 하고 사양하고 듣지 아니하므로 서로 의견이 5~6차례 오갔다.

광양현감(光陽縣監) 어영담(魚泳潭)·순천부사(順天府使) 권준(權俊)이 이순신에게로 달려가 바다로 나아가 출전할 것을 힘써 권고하니 이순신이 그제야 허락하였다.

공은 이순신이 도착하기 전에 이미 왜적과 수차례나 접전하여 적선 10여 척을 잡아 불태워 군대의 명성이 점차 떨치게 되었다.

5월 6일에 이르러서야 이순신(李舜臣)이 전함(戰艦) 24척을 거느리고 우수사 이억기(李億祺)와 더불어 거제(巨濟) 앞바다로 모이었고, 7일 여명에 삼도 주사(舟師)가 일제히 옥포(玉浦) 앞바다로 나가니 진을 치고 있는 적선이 죽 벌려 섰는데 개미 떼와 같이 몰려 있었다.

공이 북을 높이 울리며 곧바로 진격하여 적의 중견(中堅)을 공격하고 이순신 등이 일시에 승세를 타고 공격하여 적을 무너뜨리니 불살라 버린 적선이 100여 척이고 타죽은 자와 빠져 죽은 자는 그 수를 헤아릴 수 없었다.

적선 안에서 빼앗은 금칠한 둥근 부채 한 자루를 얻었는데 부채면 한가운데에 6월 8일 秀吉(수길)이라 쓰여 있고 바른쪽 가에는 羽柴筑前守(우시축전수)라고 다섯 자가 쓰여 있으니 이는 필시 豊臣秀吉(도요토미 히데요시)이 羽柴筑前守(우시축전수)에게 준 것 같으니 이날 목 베인 적장은 곧 우시축전수가 틀림이 없었다.

공이 적진으로 돌격을 잘하여 적은 병력으로 능히 많은 적을 격파하니 공이 향하는 곳에는 대적할 적이 없었다.

5월 8일에는 대가(大駕)가 파천했다는 소식을 듣고 공은 제장을 거느리고 서쪽을 향하여 통곡하니 온 군중(軍中)이 감동하였다.

공은 전에 이미 동생 전(典)으로 하여금 행조(行朝)에 포로를 바쳤는데 이때에 이르러 이순신 등이 또 승전 장계를 올리니 선조께서는 크게 기뻐하시고 공에게 특별히 가선(嘉善)의 벼슬을 더하여 내리시고 전(典)에게는 선전관을 제수하시었으며 유지(諭旨)를 내려 가장(嘉獎)하시었다.

5월 21일에 왜선(倭船)이 당포로부터 공격해오므로 우리 수군이

바다 어귀로 나가 맞으니 여러 섬에 있던 왜적의 무리가 사방에서
일제히 나오는지라, 순신 등은 이미 본진으로 돌아간 후라 공은 육
지에 올라서 그들의 예봉을 피하고, 다시 사람을 보내 순신에게 구
원을 청하고 노량(露梁)으로 옮겨 정박하였다. 얼마 지나지 않아 순
신이 또 주사를 이끌고 와서 모여 곤양(昆陽) 땅에서 적을 격파하고
사천(泗川) 바다까지 추격하여 모두 부수었다.

6월에 당포에 이르니 적선이 해안가에 나누어 정박하고 있었다. 그
중 큰 배 한 척은 선상에 3층의 누각(樓閣)이었고 밖으로는 붉은 장막
을 드리웠는데 그 속에서 한사람이 금관(金冠)을 쓰고 비단옷을 입고
서 여러 적을 지휘하고 있었다. 여러 장수들이 노를 재촉하여 곧바
로 공격하였으며 순천부사 권준이 아래서 화살을 올려 쏴 한 번에
명중시키자 금관을 쓴 자가 화살에 맞아 거꾸러지니 나머지 적들은
놀라 흩어져 서로 물에 뛰어들어 죽었다. 조금 후 갑자기 적선 40여
척이 뒤따라와서 습격하니 우리 수군도 배를 돌려 저녁까지 힘껏 싸
웠다. 적들은 밤을 틈타 도망갔다. 이날 전라우수사 이억기가 다시
와 합세하니 먼저는 제장들이 항상 외로운 군사로 깊숙이 들어가는
것을 걱정하였는데, 이때에 이르러 이억기가 이른 것을 보고서는 사
기가 배증하여 동도(東島) 앞바다까지 적을 추격하여 북을 울리며 용
감히 싸워서 적장 5인이 탄 배를 붙잡았다.

율포(栗浦)·가덕(加德)의 싸움에서도 모두 온전한 승리를 거두어 공
이 전후로 붙잡은 적선이 55척이요, 목을 벤 것이 103급이었다. 이

것을 위에 아뢰니 포상하고 하유하는 글을 내렸다. 그 내용은 대략 다음과 같다.

"오직 경(卿)은 나라에 마음을 바친 세상에 드문 영웅호걸(英雄豪傑)이라 병선(兵船)을 한수(漢水)에서 다스림에 공손술(公孫述)을 두렵게 한 오독(吳督)의 위풍(威風)을 보였으며, 주즙(舟楫)을 형강(荊江)에서 칠 때 갈호(羯胡)가 사웅(士雄)의 의기(意氣)에 꺾이었도다.

북채를 잡음에 사졸들이 용약(踴躍)하고, 강물에 맹세하니 해와 별이 어두워졌노라. 당항포에서 수십 차례 결전하니 참수한 적의 수급이 강물을 막았고, 한산도에서 적선 70척을 불태우니 고래가 목을 내놓았도다. 위급한 때에 기발한 계책을 냈다 함을 일찍이 옛 이야기로만 들었더니 소수의 군사로 대군을 무찌름을 오늘에서야 보았도다. 우뚝하다 천 길의 철벽이요, 엄연하다 일대의 장성(長城)이로다. 주(周)나라 왕실의 중흥은 윤길보(尹吉甫)가 오랑캐를 정벌한 데서 나왔고, 당(唐)나라 황실의 재건은 곽자의(郭子儀)가 충성을 다함에 힘입어서이다."

7월 6일 공은 이순신 등과 함께 다시 노량(露梁)에서 모여 적선 63척을 불태우고, 안골포(安骨浦) 앞바다에 도착하여 적선 40여 척을 만나 우리 수군이 번갈아 공격하니 베이고 빼앗은 것이 더욱 많아 왜적이 지탱하지 못하고 거제(巨濟)·부산(釜山)으로 도주하여 다시는 나오지 않았다.

이달 23일에 유지(有旨)가 내려왔는데, 대략 다음과 같다.

"경(卿)의 4차에 걸친 군공 장계(狀啓)를 보니 그 가운데 특별히 공이 있는 자는 우선 논상(論賞)하여 내가 가상히 여기고 기뻐하는 뜻을 보이노라. 당시 본직(本職)에 있던 이를 지금 만약 품계를 뛰어 서용한다면[超敍], 자리를 바꾸고 갈아야 하는 불편이 있으니 잠시 그대로 전직(前職)에 두고, 다만 그 등급만을 올려 후일의 쓰임이 되도록 한다. 소록(小錄)에 첨부한 왜물(倭物)은 경(卿)이 노획한 자에게 나누어 주어 후인(後人)들에게 권장(勸獎)이 되게 하라."

구월(九月)에 자헌대부 지중추부사(資憲大夫 知中樞府事)로 승진하고 또 조서(詔書)를 내려 표창하였다.

처음에 적이 수륙(水陸) 두 길로 나누어 서토(西土)로 달리어 평양(平壤)에서 만나(상국, 明)를 침범할 계획을 세웠었으므로 적장 고니시 유키나가(小西行長)가 서신을 보내 공갈하되 "일본 수군 10여만 명이 해로(海路)를 따라서 뒤쫓아 올 터이니 대왕의 용어(龍馭)가 장차 어디로 갈 것인지 알 수 없는 일이다."라고까지 하였는데 이제 공과 이순신이 해로를 막아서 적이 한 명도 지나가지 못하게 하니 이로 인하여 고니시 유키나가(小西行長)가 평양에 오랫동안 발이 묶였으며 다시 서로를 범하지 못하게 하였으니 그 뒤에 나라에서 양서(兩西)를 마침내 광복의 공을 거두게 된 것이 모두 이에 힘입어 이루어진 것이라 하겠다.

을미년(1595년) 겨울에 충청병사를 제수하고 병신년(1596) 가을에는 전라 병사로 전배(轉拜)되었는데 대궐을 하직하는 날 상께서 하교하여 말씀하시기를, "경이 국가를 위하여 진력하는 충용의 정성은 고금(古今)에 그 예를 비길 데 없으니 내가 일찍이 가상하게 여겼으나 아직 그에 대한 보답을 못 하였던 터인데, 이제 멀리 떠나보내게 됨에 친히 전송코자 하였으나 마침 신기가 불편하여 뜻대로 하지 못하였노라." 하시고 이내 궁중의 양마(良馬) 한 필을 하사하였다.

이때 왜적들은 여러 번 수전에서 패배하니 고니시 유키나가(小西行長)가 이를 근심하여 작은 왜인 요시라(要時羅)로 하여금 경상우병사 김응서(金應瑞)에게 왕래하게 하여 정성을 다하는 척하였다. 그러다가 정유년(1597년)에 가토 기요마사(加藤淸正)(加藤淸正)가 다시 나오게 됨에 요시라가 은밀히 김응서에게 와서 말하기를, "두 나라의 화의가 성립되지 못하는 것은 오직 가토 기요마사(加藤淸正) 때문이며 이로 인하여 고니시 유키나가(小西行長)는 가토 기요마사(加藤淸正)를 심히 미워하는 바이다. 이제 가토 기요마사(加藤淸正)가 한 척의 배로 바다를 건너오게 되니 만일 바다 가운데에서 지키고 있으면 능히 생포할 수 있을 터이니 신중히 하여 기회를 놓치지 말라." 하였다. 김응서가 이 사실을 상부에 보고하니 조정에서는 그 말을 믿고 위유사(慰諭使) 황신(黃愼)을 보내어 통제사 이순신에게 비밀히 알리고 조치토록 하였는데, 이순신은 적의 계략인 것으로 의심하여 여러 날 동안 지체하였으므로 가토 기요마사(加藤淸正)를 놓치고 말았다. 조정에서는 이순신이 머뭇거리고 나아가지 아니하여 군기를 그르치게 하였다 하여 조정으로 잡아 올리고 이해 3월에 공으로 하여금 그 임무를 대행케 하였다.

공은 조정으로부터 부산 앞바다로 공격해 들어갈 것을 지시받고 적의 동정을 살핀즉 적이 계략을 써서 우리를 속이고 있는 것을 알아내고 부산 앞바다로 공격해 들어가지 못할 뜻을 진술하였는데 조정에서는 듣지 아니하므로 또다시 계(啓)를 올려서 꼭 부산 앞바다로 들어가려 한다면 안골포에 주둔한 적을 먼저 육병(陸兵)으로 공격하여 몰아낸 후에 공격해 들어가는 것이 옳겠다고 하였다. 조정에서는 또 듣지 아니하고 체상 이원익(李元翼)이 종사관 남이공(南以恭)을 보내어 공격할 것을 재촉하였다.

7월 초에 고니시 유키나가(小西行長)가 다시 요시라를 보내어 김응서에 거짓을 말하기를, "왜선이 바야흐로 바다를 건너온다는 연락이 있으니 그 방비가 없는 틈을 타서 수병으로 공격하면 승리를 거둘 수 있을 것이다." 하였다. 도원수 권율이 그 말을 믿고 급히 싸움을 독촉하는지라 공이 드디어 웅천 앞바다에 이르러 적을 맞아 크게 싸워서 깨뜨렸다. 이때 적병이 다시 움직여서 군세가 매우 강성하여지므로 공은 그 승세를 타서 군사를 물리치고 구원병을 청하여 다시 공격해 나갈 계획을 세웠는데 권율은 공이 머뭇거려서 기회를 잃었다 하여 원문(轅門: 軍門) 앞에 공을 잡아들여 곤장을 치는지라, 공은 일이 돌이킬 수 없이 잘못되어 가는 것을 알았으나 원수부(元帥府)에서 죄를 받았으므로 하는 수 없이 주사(舟師)를 거느리고 곧바로 부산 앞바다로 공격해 들어갔다.

적은 약한 체하고 아군을 유인하는지라 우리 군사는 세를 타고 급히 적을 쫓아 예의(銳意) 공격하여 들어가니 어느덧 적진 깊숙이 들어간 것을 깨닫지 못하였다. 뱃사람이 이미 수령(水嶺)을 넘었다고

함에 공(公)이 크게 놀라 급히 배를 돌려 퇴군할 때에 전라수사의 배가 벌써 물결에 떠밀려 동해로 나가버린지라, 적은 우리 군사가 기세를 잃어버린 것을 보고 신구 병선을 다 모아 나는 듯이 마구 쳐들어오고, 또 은밀히 가벼운 배를 영등포 섬 쪽에 보내어 복병하여 두었다가 우리 군사가 영등포로 퇴각하여 급히 배에서 내려 나무와 물을 취하는 것을 보고 갑자기 대포를 쏘고 적병이 사방에서 나타나 장검을 휘둘러 좌우로 마구 찌르니 할 수 없이 항구를 떠나서 온라도(溫羅島)로 후퇴하였는데 이때 이미 해는 져서 바다 위는 어두워지고 쫓아오는 적은 바다를 덮고 오므로 군사들의 마음은 더욱 위급한지라, 공이 여러 장수를 모아 의논하여 말하기를, "오늘의 전투 계획은 오직 일심으로 순국(殉國)할 따름이니라." 하였다.

이날 밤 적(賊)은 야음(夜陰)을 타고 작은 배로 은밀히 우리 군선 사이로 뚫고 들어오고, 또 병선(兵船)으로 밖을 포위한 것을 모르고 있었는데, 날이 밝아오자 우리 배에서 불이 일어나므로 공이 급히 바라를 쳐서 변고를 알렸으나 돌연 적선이 사방에서 공격해오고 탄환이 비 오듯 날며 고함소리가 하늘을 진동하고 적세(賊勢)가 산을 무너뜨리고 바다를 말아 올릴듯하여 대항하여 싸울 수 없는 형편이었다.

경상우수사 배설(裵楔)이 먼저 닻을 거두고 달아남에 우리 군사가 드디어 무너지고 말았다. 공은 할 수 없이 배를 버리고 해안으로 올라갔는데 적이 따라와서 목을 베어 갔다. 때는 정유년(1597년) 7월 16일 공의 나이 58세이었다.

적이 물러간 후에 시신을 거두어 진위(振威) 여좌동(余佐洞)에 장사 지내니 조정에서는 예에 따라서 제문과 부의(賻儀)를 하사하였다.

신축년 간(1601년)에 영의정 이덕형이 체찰사로 남하할 때 상감이 인견하고 말하기를, "원균이 패하고 죽은 후에 아직도 헐뜯는 말이 그치지 아니함을 나는 원통하게 여기노라. 우리나라 풍속에 한 가지 일을 잘하면 으레 어질고 현명하다 하고, 한 가지 일을 잘못하면 으레 그르다 하는데 이 패전은 어찌 원균의 소위(所爲)라 할 수 있으리오. 그 당시의 서장을 보면 안골포의 적진을 먼저 몰아낸 후에 들어가 싸우고자 하였는데 조정에서 싸움을 독촉하고, 원수(元帥)는 원균을 잡아다 곤장을 쳤으니 이는 원균 스스로 패전한 것이 아니요, 곧 조정에서 명령하여 패하게 한 것이니라." 하였다.

이덕형이 대답하여 말하기를, "대체로 당초에 이순신과 바꾼 것이 잘못된 일이라 하겠습니다." 하였다.

상감이 다시 말씀하시기를, "조정에서 시켜서 속히 싸우게 하는데야 비록 장수를 바꾸지 않았다 한들 역시 패(敗)하지 않았겠는가. 병법에서 말하기를 대장을 죽게 한 자는 부장(副將)을 목 자르고 부장을 죽게 한자는 영장(領將)을 목 자른다 하였으니, 원균이 이미 패하여 죽은즉슨 그 부하를 비록 다 목 베지는 못할지라도 조사해 내서 목 베임이 가할 것이다." 하였다.

계묘(1603년) 6월에 선무공신(宣武公臣)을 녹훈(錄勳)할 때에 이덕형, 이항복 등이 계(啓)를 올려 말하기를, "원균이 처음에는 군사가 없는 장수로 해상 전투에 참가하였으나 그 뒤에 주사를 패망케 한 과실이 있으니 이순신, 권율 등과 더불어 같이할 수 없으니 내려서 이등으로 기록하였나이다." 하였다.

상감이 이르시기를, "적들이 처음 침공을 해왔을 때 원균이 이순신에게 구원을 청하였던 것이오. 이순신이 스스로 달려간 것이 아니었으며 적을 공격함에서는 원균은 스스로 죽기를 결심하고 매번 선봉이 되어 용맹하게 싸워서 먼저 올라갔으니 승리의 공이 이순신과 꼭 같으며 원균이 잡은 적괴(賊魁)와 누선(樓船)은 도리어 이순신에게 빼앗긴 바 되었던 것이다. 또한 이순신을 대신하여 통제사가 되어서는 여러 번 계(啓)를 올려 부산 앞바다로 들어가 싸울 수 없다는 뜻을 힘써 말하였으나 비국(備局: 軍務를 맡아 처리하는 관청)에서는 독촉하고 원수(元帥)는 잡아다 곤장을 치니 드디어는 원균이 분명 패전할 줄 알면서도 할 수 없이 진을 떠나서 적을 공격하다가 전군이 괴멸하고 그 자신도 순국하였으니 이는 원균의 용맹함이 삼군(三軍)에 으뜸일 뿐 아니라 그의 지략 또한 출중한 것이었다.

옛적에 가서한(可舒翰)이 가슴을 쓰다듬으며 동관(潼關)에 나갔다가 적에게 패한 바 있었고 양무적(楊無敵)은 반미(潘美)에게 협박을 당하여 눈물을 뿌리고 할 수 없이 나가 싸우다 적에 패하여 죽었으니 어찌 이러한 일들과 다르다고 할 수 있으리오. 고금의 인물을 성패만으로 논할 것이 아니라 그의 운과 때가 어긋나서 공은 무너지고 일은 실패한 것을 생각할 때 마음은 아프고 불쌍하게 생각되는 바이니라. 전번에 영상이 남하하였을 때에는 대체로 원균이 불쌍하다는 뜻을 보이더니 오늘에 이르러 공(功)을 의논하는 마당에서는 도리어 이등(二等)에 기록하려 하니 어찌 원통하지 아니하리오. 지하에서도 원균이 눈을 감지 못하리라." 하시고 드디어 훈일등(勳一等)

제삼인(第三人)에 책봉(策封)을 하시었다.

갑진(1604년) 4월에 효충장의 적의협력선무공신(効忠杖義迪毅協力宣武功臣)의 호(號)를 하사하시고, 숭록대부 의정부 좌찬성 겸 판의

금부사 원릉군(崇祿大夫議政府左贊成 兼 判義禁府事 元陵君)으로 추증하고 그 이듬해인 을사(1605년) 5월 18일에 예부랑(禮部郎) 유성(柳惺)을 보내어 가묘(家廟)에 제사 지내게 하시었다.

그 후에 이학사 선(選)이 공을 위하여 전기(傳記)를 지어 공의 시종(始終) 사실(事實)을 올바로 밝히고 심히 자상하고 명확하게 기술하였으니 그가 기술한 대략은 "원균(元均)이 거느린 군사의 수가 아주 적고 그 세력이 심히 약하였으므로 이순신에게 구원을 청하였으나 그가 도착하기 이전에 이미 적선을 불태워 깨뜨렸고 이 공으로 인하여 승급하였으며 이순신과 합세한 후에도 반드시 스스로 선봉이 되어 곧바로 적진에 돌입하여 적과 싸움에 모두 승리하였으며, 비록 패전하였을 때에도 오히려 적선 10척을 깨뜨렸는즉 그 충의의 공열이 탁월하여 족히 일세의 호신(虎臣: 勇猛한 武將)이었다. 후세에 이순신을 위하여 문자를 희롱(戲弄)하는 무리들의 편백(偏僻)한 소견으로 원균을 여지없이 공박하니 원균이 이순신에게 비교하여 성패(成敗)의 자취는 약간 다를지언정 나라를 위하여 죽은 절개는 다름이 없었거늘 어찌하여 혹은 억누르고 혹은 찬양함이 이다지도 판이할 수 있겠는가."라고 하였으며 그 아래에 조목을 따라서 해명을 하였는데 거의 빠뜨림과 결함이 없도록 세세히 기록하였다.

尤齋(우재 송시열) 선생이 말하기를, "숭정 기해(崇禎, 1659년) 봄에 조

정에서 충무공 이순신의 비를 노량 묘에 세울 때 나에게 글씨를 부탁하였는데, 그 글 중에 통제사 원균이 군사가 패(敗)함에 달아나다가 죽었다는 말이 있었는데, 대개 이 글은 택당 이식(澤堂 李植)이 지은 시장(諡狀)이었다. 그 후(을축년, 1685년) 5월에 원(元) 통제사의 증손인 순격(舜格)이 통제사에 대(對)한 녹훈교지문(錄勳敎旨文)과 하사한 제문을 가지고 와서 나에게 보이는데 시장(諡狀)에 기록한 바와는 크게 같지 아니한지라 나는 말하기를 택당(澤堂)은 세상에서 착한 사관(史官)이라고 일컫는 터인즉 그가 언론을 세움에 반드시 살핌이 있었을 것으로 생각되나 교서나 제문이 모두 상감의 말씀이었거늘 당시 대언(代言) 하는 신하들이 또한 어찌 감히 털끝만큼인들 허위로 과장하였으리오. 그 자손으로서 원통하다고 말함은 당연한 일이라." 하였다.

아아. 슬프도다. 공은 충성스럽고 순박하고 정직한 자세로 국가를 위하여 진중에서 죽겠다는 뜻을 품고 처음에는 오랑캐를 토벌하는 데 공을 세움으로써 조야에 명성을 떨치더니 해구(海寇)와 만나 싸워서 진열이 와해하는 날에 분발하여 몸을 돌보지 아니하고 장병들을 격려하였으며, 이순신과 마음과 힘을 합하기를 청하고 반드시 흉도(凶徒)를 초멸하고 해상의 기세를 확청(廓淸) 하기로 기약하였으며, 그 불태우고 빼앗고 붙잡고 베인 공이 이순신에게 사양할 바 없었더니 정유년(1597) 재란을 당해 조정에서 왜적에게 속아 드디어는 공으로 하여금 군사를 패하게 하고 끝내는 목숨을 잃게 하였는데도 죽은 뒤에 비방하는 말이 분분하니 공의 충성과 공적(功積)이 아주 묻혀버리고 나타나지 못할뻔하였으나 우리 선조대왕께서 그의 원통한 정상을 깊이 살피시고 전후 성유(聖諭)가 정연하실 뿐 아니라 그 녹훈교서(錄勳敎書)는 더욱 명백하시고 또한 지극히 간절하고 측은하게 생각하시어 가서한(可舒翰)과 양무적(楊無敵)의 일을 이끌어 견주어 말씀까지 하시기에 이르니 아아 크시도다. 상감의 말씀이시여! 영세에 공안이 되시기에 족하리로다. 만일 공의 영혼이 아는 바 있다면, 반드시 지하에서 흐느껴 울 것이오, 또한 이학사가 지은 전기와 우재 선생의 말씀 같은 것도 또한 가히 그 당시에 신용과 인정을 받은바 있으므로 능히 내세에 고징(考徵)이 될 수 있으리라.

옛적(당 현종 때)에 장순(張巡)과 허원(許遠)이 함께 수양(睢陽)을 지키다가 급기야 성이 함락됨에 함께 순국하였는데 그때에 장순을 위하여 말하는 자가 또한 허원을 깎아서 말하는 일이었는데 한 문공(韓文公)이 이를 위하여 전기를 짓고 후서(後叙)로 그러하지 아니함을 밝힌 연후에야 비로소 시비가 올바로 정하여진 바가 있었는데 지금 공을 헐뜯어 말하는 것도 실상 허원의 처지와 같은 바가 있었는데 지금 우재 선생과 여러 사람의 말씀이 한문공의 후서에 비(比)하여 더욱 빛나고 있으므로 공에 대한 비방이 이제부터는 그치게될 것이요 더구나 성조(聖朝)에서 사실을 들추어내서 시비를 가리고 높여서 포상함에 이르러서는 또한 허원(許遠)이 얻지 못하였던 바이니라. 슬프도다. 공(公)에 대하여 이제부터는 또다시 털끝만치도 유감된 일이 없으리로다.

부인은 파평 윤씨(坡平尹氏)이며 진사 중 참판 윤언성(尹彦成)의 따님이다. 선묘조(宣廟朝)에서 국고로 공양하게 하였는데 광해조(光海朝)에 이르러 폐하여 버렸고 인조 반정(仁朝反正) 이후에 다시 명하여 급료를 하사하시었다. 가정(嘉靖) 정미년(丁未, 1547년)에 출생하여 숭정 임오년(崇禎 壬午, 1642년)에 돌아가시니 수가 96세였다.

인제 와서 공의 묘를 옮겨 개장하고 부인을 부장할 새 그 친의(親意)로 와서 공의 행장을 지어줄 것을 청함으로 글 지을 자격이 없음을 말하고 수차 사양하였으나 끝내 사양할 수 없어 이에 감이 성교(聖敎)와 선배들이 남긴 증거될 만한 글을 참고로 하여 대략 점철(點)을 가(加)함으로써 언론을 바로 세우는 군자(君子)들의 재찰(財察)에 돌리고자 하는 바이다.

사헌부 대사헌 김간(金幹)은 찬하노라.

❈ 참고문헌 ❈

- 『선조실록』, 국사편찬위원회
- 『선조수정실록』, 국사편찬위원회
- 『원릉군 실기』, 원주 원씨 화수회
- 『원주 원씨 대동보(계사보)』, 뿌리미디어
- 『안방준의 은봉야사별록』, 이상익 주역
- 『성씨의 고향』, 중앙M&B 편집부, 중앙M&B
- 『징비록』, 유성룡 저, 김홍식 옮김, 서해문집
- 『난중일기』, 구인환 엮음, 신우문화사
- 『유성룡인가 정철인가』, 오항녕, 너머북스
- 『교감 해설 징비록』, 유성룡 저, 김시덕 역해, 아카넷
- 『유성룡, 7년의 전쟁』, 이종수, 생각정원
- 『임진왜란 해전사』, 이민웅, 청어람미디어
- 『대장군 원균 통제사』, 원인호, 넷피플
- 『원균 1』, 고정욱, 산호와 진주
- 『원균 2』, 고정욱, 산호와 진주
- 『이순신의 두 얼굴』, 김태훈, 창해
- 『원균 그리고 이순신』, 이은신, 타오름
- 『원균을 위한 변명』, 이재범, 학민사
- 『칠천량의 백파』, 김인호, 경인문화
- 『칼의 노래』, 김훈, 문학동네
- 『역사의 역사』, 유시민, 돌베개
- 『알기 쉽게 정리한 우리 조상 이야기』, 원종섭, 북랩
- 『왜란 종결자』, 이우혁, 문학동네
- 『위인전이 숨기는 이순신이야기』, 김헌식, 평민사
- <원균, 이순신 장군의 애민정신>, 백승종

* 글을 쓰면서 인용한 부분은 일일이 각주로 표시하지 못하고 참고 문헌으로 대신함을 양해 바랍니다.